Couverture
- Conception graphique:
  Katherine Sapon
- Illustrations:
  Nancy Desrosiers
- Photo:
  Michel Legendre

Maquette intérieure
- Illustrations:
  Nancy Desrosiers

DISTRIBUTEURS EXCLUSIFS:

- Pour le Canada:
  AGENCE DE DISTRIBUTION POPULAIRE INC.*
  955, rue Amherst, Montréal H2L 3K4 (tél.: 514-523-1182)
  Télécopieur: (514) 521-4434
  * Filiale de Sogides Ltée

- Pour la France et l'Afrique:
  INTER FORUM
  13, rue de la Glacière, 75013 Paris (tél.: (1) 43-37-11-80)
  Télécopieur: 43-31-88-15

- Pour la Belgique, le Portugal et les pays de l'Est:
  S. A. VANDER
  Avenue des Volontaires, 321, 1150 Bruxelles
  (tél.: (32-2) 762.98.04)
  Télécopieur: (2) 762-06.62

- Pour la Suisse:
  TRANSAT S.A.
  Route du Grand-Lancy, 2, C.P. 125, 1211 Genève 26
  (tél.: (42-22) 42.77.40)
  Fax: (22) 43.46.46

COMME CHEZ GRAND-MAMAN BIONDI

JEANETTE BIONDI
CLAUDIA LANZILLOTTA

LES ÉDITIONS DE
L'HOMME

Données de catalogage avant publication (Canada)

Biondi, Jeannette

    Comme chez grand-maman Biondi

    ISBN 2-7619-0859-7

    1. Cuisine italienne.   I. Lanzillotta, Claudia.
II. Titre.

TX723.B56 1989   641.5945   C89-096517-X

Bibliothèque nationale du Québec
Dépôt légal — 4ᵉ trimestre 1989

ISBN 2-7619-0859-7

Grazie, mille grazie

La rédaction de ce livre n'aurait pas été possible sans le soutien constant, l'encouragement et le travail de Jan Van der Heyden.

Nous tenons également à remercier nos mères et tous les membres de notre famille qui nous ont aidées à retracer avec le plus d'exactitude possible les recettes familiales.

Merci à Monique Chamberland, à Françoise Beauregard, à Ferdinand Biondi et au professeur Andrea Valentino.

Un merci tout spécial enfin à Raphaël, 6 ans, et à Mia, 2 ans, pour leur patience.

Petite histoire de famille

Nos grand-mères, Ernestina, la grand-mère de Jeanette, et Rafaella, celle de Claudia, étaient deux sœurs qui, immigrées au Québec pour suivre leurs maris respectifs, furent toute leur vie très proches l'une de l'autre, élevant leurs enfants ensemble, partageant joies et peines, et même leur nom puisqu'elles eurent la bonne idée d'épouser deux frères Biondi: Michelangelo pour Ernestina, et Raffaelo pour sa petite sœur.

Liées par des liens de sang très étroits, nous le sommes encore plus, si cela est possible, par des liens d'affection et d'amitié. Si les amis sont des parents que l'on choisit, au-delà de la famille nous nous sommes définitivement choisies.

Nos fêtes de famille sont des fêtes d'amitié. Parents, amis, maris, enfants et amoureux se retrouvent autour de la table pour jouir du plaisir fondamental de manger ensemble. Comme les Québécois de vieille souche, les Italiens, dans le rire ou les larmes, partagent le pain... et la pizza avec ceux qu'ils aiment. Nos pères et mères, nés au Québec, ont élargi la famille en choisissant des conjoints d'origines différentes. Chez nous le racisme n'existe pas.

Et si parfois nous sacrifions la sauce tomate à la tarte au sucre ou au hareng fumé, c'est que les hommes que nous aimons connaissent eux aussi des plats venus de leur enfance et qui leur réchauffent le cœur.

Les recettes que vous trouverez dans ce livre sont celles que nos grand-mères ont rapportées d'Italie. Dans la famille, nous aimons la cuisine créative, comme tous ceux et celles qui prennent vraiment plaisir à «faire à manger». Certaines recettes ont donc subi des modifications et des améliorations, et nous serions bien en peine de préciser qui a réussi à leur donner ce petit goût que nous aimons tant. Est-ce Annie, Béatrice, Rita, Gilda, Ida, Elisa ou Jeanette aux yeux bleus? Jocelyne, Johanne, Jeanette aux yeux verts ou Claudia? Cela importe peu.

Sachez cependant que nos grand-mères mettaient un petit peu de ceci et un peu moins de cela. Qu'elles jugeaient une pâte à son «moelleux», qu'elles ajustaient les épices au goût et la sauce tomate à l'œil et à l'odeur.

Nous allons tenter d'être plus précises mais, et c'est là le plaisir de la cuisine, vous pourrez faire vôtres les recettes de nos grand-mères en les adaptant à votre goût.

Nous avons ajouté au chapitre des desserts quelques spécialités de nos mères et même deux merveilleuses recettes que Rolande Allard-Lacerte a rapportées d'Italie et qu'elle a eu la générosité et l'amitié de nous confier.

Vous trouverez assez d'espace dans ce livre pour noter vos commentaires et y laisser votre touche personnelle.

La cuisine, c'est comme la vie. Elle est passionnante quand elle bouge et se transforme, et, pour qu'elle soit réussie, il faut y mettre du sien... et l'aimer.

En toute gourmandise et *buon appetito,*

JEANETTE et CLAUDIA

Petite histoire d'un livre

Ce que vous trouverez dans ce livre:
Les recettes transmises par nos grand-mères. Nos con-
seils, nos trucs, nos améliorations.

Quelques recettes de nos mères, de nos cousines et
même de nos amies.

Ce que vous n'y trouverez pas:
Trente-six recettes de pizzas ou de pâtes. Il existe déjà de
merveilleux livres pour ça.

L'escalope à la parmigiana. Nos grand-mères n'en faisaient
pas!

Nous ne sommes pas des superchefs, nous ne préten-
dons pas tout connaître de la cuisine italienne, mais nous
croyons pouvoir vous faire partager les secrets d'une cuisine
familiale sans cesse en évolution. Nos amis nous réclament depuis longtemps les recettes que nos grand-mères ont rapportées d'Italie. Nous espérons que ces recettes sauront aussi
vous plaire et qu'elles prendront place parmi vos préférées.

Chapitre premier

Secreti di famiglia

Il y a toutes sortes de secrets de famille. Ceux dont on parle parfois le soir autour de la table, ceux qui restent enfouis au plus profond de nos cœurs, et ceux que l'on peut partager avec plaisir. Parmi ceux-ci, des secrets de table que nous vous livrons, ainsi qu'à nos amis.

Il s'agit de petits trucs et de préparations diverses que nous conservons précieusement dans notre armoire secrète et qui nous permettent de donner un goût personnel à notre cuisine.

L'huile d'olive: de l'or en bouteille

L'olivier, symbole de paix et de pays méditerranéen, est un bel arbre. Ses feuilles fines et argentées, son tronc noir et tortueux se profilent dans le bleu éblouissant du ciel d'Italie. Outre sa beauté, il nous donne des fruits qu'on peut déguster verts ou mûrs, c'est-à-dire noirs. De ces fruits on extrait l'huile, reine des cuisines en pays de soleil. Les Anciens reconnaissaient à l'huile d'olive d'innombrables vertus et, 5 000 ans avant Jésus-Christ, elle était déjà considérée comme un cadeau des dieux.

À nos yeux, elle est indispensable. Elle nous parle de soleil, d'Italie et, bien entendu, de bonne cuisine mais aussi de santé. Digeste, elle aide à nettoyer le foie. Légère, elle est bénéfique à ceux qui doivent surveiller leur santé et leur taux de cholestérol. Mais ce n'est pas tout, l'huile d'olive est aussi bonne pour la peau. Les olives, vertes ou noires, fournissent un apport avantageux en carotène. Un bain dans l'huile d'olive chaude améliorera la qualité de vos ongles ou de vos cheveux s'ils sont trop secs. Vos lèvres sont gercées? Un peu d'huile d'olive saura les rendre appétissantes. Nous rions encore de l'époque où, adolescentes, nous nous enduisions le corps de vinaigrette maison (moitié iode et moitié huile d'olive) afin de mieux bronzer.

Utilisation

Mais revenons à la meilleure utilisation que l'on puisse faire de l'or liquide, c'est-à-dire cuisiner. Il est facile de trouver sur le marché des huiles d'excellente qualité. La plupart viennent d'Italie, mais on en trouve également de France, la Provence étant bonne productrice, ou encore de Grèce ou du Portugal. Les connaisseurs affirment toutefois que les meilleures huiles viennent de la région de Florence. Nous ne suggérons pas de marque, mais sachez qu'il y a plusieurs qualités d'huile, la meilleure étant l'huile de première pression, pressée à froid et extra-vierge à 100 p. 100. Vous la trouvez coûteuse? Rappelez-vous qu'il faut 5 kg d'olives mûries au soleil pour obtenir 1 litre d'huile. Mais quelques gouttes suffiront à parfumer un plat. Vous devrez sans doute faire plus d'un essai avant de trouver le goût qui vous convient le mieux, mais sachez qu'une bonne huile n'est pas trop lourde, qu'elle est d'un vert doré riche et transparent. Veillez toujours à choisir une huile de bonne qualité.

Conservation

Nous avons l'habitude d'acheter notre huile en contenant de 3 ou 4 litres.

Il vaut mieux la conserver au frais, mais non au froid, et en transvider de petites quantités à la fois dans une bouteille opaque, l'huile se conservant mieux si elle n'est pas exposée à la lumière. D'ailleurs l'huile d'olive rancit beaucoup moins vite que les autres huiles. Elle cuit très bien et supporte d'être chauffée jusqu'à 450 °F/230 °C. Mais nous vous conseillons tout de même l'utilisation d'une bonne huile végétale (huile de maïs par exemple) pour la cuisson à haute friture. Vous trouverez dans ce chapitre quelques recettes d'huiles aux herbes et/ou aux épices, d'herbes conservées dans l'huile et d'olives préparées à l'avance particulièrement appréciées au moment de l'apéritif.

Les huiles préparées

Pour chacune de ces préparations, choisir une bouteille de 750 ml ou de 1 litre (une bouteille de vin par exemple). Bien laver et ébouillanter la bouteille. Bien laver les herbes et les éponger. Introduire les herbes ou les autres ingrédients dans la bouteille, remplir d'huile et fermer hermétiquement. Attendre au moins une semaine avant d'utiliser.

Voilà un bon moyen de recycler vos bouteilles de vin vides. Vous trouverez dans les quincailleries des bouchons qui s'adaptent parfaitement. Les huiles préparées nous permettent de gagner beaucoup de temps dans la préparation des recettes et de varier les sauces de façon très subtile. Une fois l'habitude prise, vous ne saurez plus vous passer de vos huiles maison.

Secreti di famiglia

Huile aux herbes

BRANCHE DE ROMARIN FRAIS	1
BRANCHES DE THYM	3
BRANCHES D'ORIGAN	3
FEUILLES DE LAURIER	3

- Laver et éponger les herbes.
- Laisser reposer pendant 1 heure.
- Mettre les herbes dans une bouteille.
- Remplir d'huile d'olive.
- Attendre une semaine avant d'utiliser pour les grillades, l'agneau ou la salade.

Cette recette peut servir de base pour fabriquer des huiles au goût unique dont vous détiendrez seul le secret. À vous de jouer avec les herbes!
Certains connaisseurs affirment que l'huile produite en Sicile est l'une des meilleures au monde. Elle est plus lourde mais plus fruitée, et il vaut la peine de l'essayer.

Certains l'appellent l'huile du diable. Vous pouvez mettre encore plus de piments si vous voulez, mais c'est à vos risques...

Huile aux piments

6	PETITS PIMENTS	6
	HUILE D'OLIVE	

- Déposer 6 petits piments dans une bouteille bien propre.
- Remplir la bouteille d'huile et bien fermer.
- Attendre au moins une semaine avant d'utiliser.

Petits et forts, ronds ou longs, ce sont des piments. Dodus et doux, ce sont des poivrons.

Huile pour le poisson

3	PETITS PIMENTS FORTS	3
1	ZESTE DE CITRON	1
1	ZESTE D'ORANGE	1
3	GOUSSES D'AIL	3
	HUILE D'OLIVE	
	GRAINS DE POIVRE ROSE	

- Mettre dans une bouteille bien propre les petits piments forts, les zestes de citron et d'orange, les gousses d'ail et les grains de poivre.
- Couvrir d'huile.

Vous pouvez badigeonner le poisson avec cette huile avant de le faire griller.
Utilisez-la pour assaisonner les salades de crustacés ou pour faire mariner les poissons avant de les cuire au four.

Jeanette:

Voici comment depuis long-temps nous conservons le basi-lic. Vous pouvez également con-geler les feuilles de basilic ou les faire sécher mais elles seront meilleures dans l'huile.

—*On peut faire de même pour le thym. L'huile peut servir pour les vinaigrettes ou les pâtes. Quand toutes les feuilles sont utilisées, on peut, s'il reste de l'huile, y mettre un petit fro-mage de chèvre. Il faut conser-ver cette préparation au réfrigé-rateur et la sortir une heure avant de servir. Cette recette, qui ne vient pas de nos grand-mères mais bien du sud de la France, est absolument déli-cieuse. On ajoute un peu de poivre noir et même de l'ail, si on le désire.*

Basilic à l'huile

BASILIC FRAIS
HUILE D'OLIVE
SEL

- Bien laver le basilic frais.
- Éponger et laisser reposer pendant 1 heure.
- Détacher les feuilles. Les poser en rangs assez épais dans un pot bien propre.
- Sur chaque rang mettre un peu de sel et remplir ainsi le pot aux trois quarts.
- Bien presser avec une cuillère de bois.
- Remplir avec de l'huile d'olive.
- On peut préparer le thym ou l'origan de la même manière.
- On utilise les feuilles de basilic à l'huile pour rempla-cer l'herbe fraîche.

Olives

Nos grand-mères n'achetaient que des olives en baril. Ces olives, vertes quand elles ne sont pas mûres ou noires quand elles le sont, leur donnaient sans doute la nostalgie du pays. Nous, en bonnes Québécoises, aimons également les olives en pot. Mais ce que nous préférons, ce sont les olives que nous préparons. Si vous aimez les olives, essayez nos recettes. On trouve assez facilement les olives italiennes en vrac. Vous pourrez donc expérimenter: choisir celles que vous préférez ou faire comme nous et acheter de petits barils venant de Grèce, le soleil étant le même pour toute la Méditerranée. Certaines olives en conserve sont également très bonnes.

Toutes ces olives sont délicieuses servies à l'heure de l'apéritif avec quelques amandes et quelques tranches de petit salami italien. Les olives qui restent se conserveront très bien si vous les recouvrez d'huile.

Un petit secret
Pelez l'ail, retirez le petit germe et mettez les gousses entières dans l'huile. Après quelques semaines, elles seront brunes et imbibées d'huile.
Croquez... Si vous aimez l'ail, vous serez séduit!

Olives noires aux herbes

1 lb	OLIVES NOIRES	500 g
4	GOUSSES D'AIL	4
1	PETIT PIMENT FORT	1
1	BRANCHE DE THYM	1
1	BRANCHE DE ROMARIN	1
1	BRANCHE D'ORIGAN	1

- Mettre tous les ingrédients dans un pot bien propre fermant hermétiquement et couvrir d'huile d'olive.
- Attendre au moins une semaine avant de consommer.

On peut ajouter à cette recette le zeste d'un citron. On peut également omettre l'une ou l'autre des herbes au goût. Il est préférable de choisir les olives noires achetées en vrac pour cette recette. Si vous ne trouvez pas ces olives, choisissez des olives en conserve.
Conserver au frais et de préférence à la noirceur. Servir à l'heure de l'apéro.

Olives noires aux écorces

2	ÉCORCES DE CITRON	2
2	ÉCORCES D'ORANGE	2
2	PIMENTS	2
	OLIVES NOIRES	
	HUILE D'OLIVE	

- Laver d'abord les écorces et les débarrasser de la partie blanche pour ne garder que le zeste.
- Les couper en lanières.
- Mettre dans un pot bien propre en ajoutant les piments et les olives.
- Couvrir d'huile.
- Fermer hermétiquement.
- Attendre une semaine avant de servir.

Olives vertes aux anchois

OLIVES VERTES
ANCHOIS

- Dénoyauter les olives et les farcir avec des anchois coupés. Vous trouverez des olives vertes aux anchois en conserve dans certaines épiceries. Absolument délicieuses.

Olives noires aux amandes

OLIVES NOIRES DÉNOYAUTÉES
AMANDES MONDÉES OU GRILLÉES
HUILE D'OLIVE

- Si l'on préfère les olives en conserve, choisir de grosses olives noires dénoyautées.
- Farcir avec des amandes mondées ou grillées.
- Mettre dans un pot.
- Couvrir d'huile.

*Inutile de préciser que vous pou-
vez expérimenter d'autres utilisations que celles que nous vous
suggérons ici.*

Pesto

6 tasses	FEUILLES DE BASILIC FRAIS	1,5 litr
12	GOUSSES D'AIL	1
1 1/4 tasse	HUILE D'OLIVE	310 m
1 tasse	PIGNONS*	250 m
1 1/4 tasse	FROMAGE PECORINO RÂPÉ	310 m
4 tasses	PARMESAN RÂPÉ	1 litr
	SEL ET POIVRE FRAIS MOULU AU GOÛT	

- Hacher le basilic et l'ail.
- Broyer les pignons.
- Mêler au mélangeur le basilic, la moitié de l'huile et l'ail.
- Ajouter les pignons, les fromages, du poivre frais moulu et du sel.
- Incorporer le reste de l'huile.
- Servir sur des pâtes cuites à l'eau bouillante salée.

*Mettre dans de petits contenants allant au congélateu
ou dans les casiers à glace puis mettre ces glaçons dan
un sac de plastique. Le pesto se conserve ainsi trè
bien et longtemps. Il suffit de décongeler la quantit
dont on a besoin.*

*Nous aimons toujours avoir une quantité de pest
sous la main, car nous l'utilisons très souvent
Quelques cuillerées dans la soupe font merveille. U
peu de pesto sur la pizza aux tomates lui donne un pe
tit goût de revenez-y.*

*Une vinaigrette au pesto accompagne merveilleusemen
une salade de tomates fraîches. Vous serez ravi d'offr
une trempette à base de yogourt ou de fromage blan
et de pesto entourée de légumes croquants.*

*Si vous ne pouvez pas vous procurer de basilic frais o
si vous n'appréciez pas le goût de cette herbe, vou
pouvez utiliser la même quantité de persil pour prépare
le pesto. Certaines personnes remplacent également le
pignons par des amandes mondées.*

*Certains livres de recettes italiennes suggèrent égale
ment d'ajouter quelques feuilles d'épinards au pesto.*

* Voir page 92.

âte de piment en conserve

b	PIMENTS FORTS	500 g
	GROS SEL	
	HUILE D'OLIVE	

Passer les piments au hache-viande.
Stériliser des petits pots ou un gros pot.
Disposer un rang de piments hachés au fond du pot, saupoudrer avec 1 c. à thé (5 ml) de gros sel et continuer jusqu'à épuisement des piments.
Terminer par 1 c. à thé (5 ml) de sel.
Couvrir le pot d'un linge propre et verser dessus 4 c. à table (60 ml) d'huile.
Fermer le pot en laissant le linge sur le dessus. Ces piments se conservent très longtemps au réfrigérateur.

_es piments ainsi préparés peuvent être ajoutés à outes vos viandes, sauces, pizzas ou conserves.
Nous vous recommandons d'utiliser d'abord la pâte de piment en petites quantités.

*Il est important de manipuler les piments avec des gants et de ne pas se toucher les yeux ni le visage, au risque de ressentir une brûlure fort désagréable.
Si par inadvertance cela vous arrivait, lavez la partie touchée à l'eau froide.*

Écorces à l'alcool

- Utiliser des écorces d'orange, de citron et de pample-
  mousse et bien les laver.
- À l'aide d'un petit couteau bien tranchant, retirer une
  très mince couche de la partie blanche.
- Couper les écorces en très petits cubes.
- Mettre ces cubes dans un pot propre et ébouillanté.
- Remplir le pot d'un alcool de son choix — cognac, ar-
  magnac, rhum ou brandy.
- Étiqueter le pot et le conserver dans une armoire.
- Après quelques semaines, les écorces seront tendres
  et on pourra les utiliser pour parfumer gâteaux, biscuits et salades de fruits. Ils remplacent très avanta-
  geusement les fruits confits.

*Parmi nos «secreti di famiglia», donc dans notre ar-
moire secrète, nous gardons toujours des fruits à la
moutarde de Cremona (condiments délicieux faits de
fruits confits et d'huile de moutarde forte) et quelques
pots également de légumes au vinaigre. Ils accompagnent agréablement les viandes froides ou donnent du
piquant à une salade de légumes frais.*

Vinaigres

Pas de bonnes salades, pas de caponata réussie sans un bon vinaigre.

Un vinaigre de vin blanc.

Un vinaigre de vin rouge.

Et même un bon vinaigre de balsam *(balsamico)*.

Vinaigre de balsam

Un goût fin et très particulier, voilà ce qu'offre le vinaigre de balsam, spécialité italienne préparée avec des herbes et vieillie longuement selon une méthode artisanale. Coûteux, difficile à trouver, le vinaigre de balsam vaut néanmoins la peine de figurer dans votre armoire secrète.

Il est excellent dans la préparation de vinaigrettes et de sauces. Versez-en quelques gouttes sur les viandes déjà cuites (braisées, bouillies, rôties, grillées); il les parfumera et leur ajoutera une saveur délicate. Pour assaisonner un plat de légumes, quelques gouttes suffisent.

Le vinaigre de balsam est une spécialité centenaire de la ville de Modena (1545-1731). Ce vinaigre avait la réputation d'avoir des propriétés médicinales.

Pour obtenir une très petite quantité de vinaigre, on doit utiliser une très grande quantité de vin cuit fabriqué avec des raisins à haute teneur en sucre. De plus, il doit vieillir pendant de nombreuses années dans des barils de bois de genévrier, de mûrier et de châtaignier. Il acquiert ainsi, grâce à la variété des bois, son goût très fin.

Sa couleur doit être d'un marron chaud, sa texture légèrement sirupeuse et son goût aigre-doux.

Utilisation

Le vinaigre de balsam est délicieux dans la préparation de salade verte ou de haricots verts.

À cause de son goût particulier, n'utilisez que la moitié de la quantité de vinaigre requise habituellement.

Quelle que soit la méthode utili-
sée, vous pouvez ensuite filtrer
le vinaigre et le remettre en bou-
teille avec une ou deux branches
d'herbes pour décorer.

Vinaigre aux herbes

4 tasses	VINAIGRE DE VIN BLANC	1 litre
3/4 tasse	HERBES	180 ml

- On peut préparer le vinaigre avec plusieurs herbes différentes ou n'en utiliser qu'une seule.
- Le choix et le mélange des herbes peuvent être faits à votre discrétion: origan, thym, basilic, menthe, sauge, romarin.
- Le vinaigre doit être de très bonne qualité, blanc ou rouge, au goût.
- Les herbes doivent être très fraîches, bien lavées et essorées, absolument parfaites. Rejeter impitoyablement toutes les feuilles abîmées, légèrement brunies ou ayant été attaquées par les insectes.
- Froisser légèrement les feuilles entre les mains avant de les introduire dans les bouteilles; elles donneront ainsi plus de goût au vinaigre. On peut ensuite suivre l'une ou l'autre des méthodes suivantes.
- Déposer les herbes dans une bouteille bien propre et ébouillantée.
- Verser le vinaigre sur les herbes.
- Fermer hermétiquement.
- Mettre devant une fenêtre ensoleillée environ deux semaines en tournant la bouteille fréquemment.
  ou
- Faire chauffer le vinaigre et en couvrir les herbes.
- Fermer la bouteille hermétiquement.
- Laisser macérer 1 ou 2 jours.

Chapitre 2

Antipasto si, apero la

Les antipasti annoncent bien leurs couleurs. Si on traduit littéralement, cela veut dire «avant les pâtes». Ce sont les hors-d'œuvre que l'on retrouve dans les «trattorie», dans les restaurants et sur les tables familiales en Italie. On les présente disposés sur de longues tables ou sur des chariots qu'on roule jusqu'à votre table. Ces antipasti flattent l'œil et l'odorat avant de séduire les papilles gustatives. Voici donc toute une série de plats qui, préparés à l'avance, peuvent être présentés lors d'un buffet estival ou par groupe de trois ou plus en entrée.

Si vous les offrez au cours d'un buffet, il suffit d'ajouter quelques-unes des salades que vous trouverez regroupées au chapitre 3. Une grande assiette de charcuteries, salami et autres viandes froides, quelques fromages et voilà de quoi passer toute une journée à partager avec des amis les plaisirs de la table.

Pour terminer en beauté cette journée-repas, vous choisirez quelques «douceurs» que vous servirez au moment du café.

Mais avant l'antipasto, il y a le moment sacré de l'apéro. Le temps de se relaxer après le travail ou de bavarder avec les amis en attendant les retardataires.

Un «campari soda» si vous en appréciez le goût légèrement amer, un vermouth mezo mezo ou un vermouth blanc sec garni d'une tranche de citron, voilà une soirée italienne qui commence bien, surtout si l'on accompagne le tout de quelques bouchées et canapés.

Voici donc le déroulement d'une fête-repas familiale. Après l'apéro, on invite les convives à passer à table pour déguster un assortiment d'antipasti, suivi d'une soupe légère, puis d'un plat de pâtes. Viennent ensuite les viandes et les légumes, la salade verte, les fromages et les fruits. Doit-on préciser que nous passerons des heures à table et que les gâteaux, douceurs et cafés seront servis à la fin de la soirée.

Ces longs repas familiaux prennent souvent place le dimanche midi et se prolongent jusqu'en début de soirée.

Antipasto si, apero la

Ailes de poulet, 33
Canapés à la ricotta, 34
Champignons farcis à la chair de saucisse, 35
Champignons farcis à la ricotta et au pesto, 35
Crostini comme en Italie, 36
Petites boulettes en hors-d'œuvre, 37
Tortellini panées, 38
Sauce pour tortellini panées, 39
Artichauts et poivrons farcis, 40
Aubergines aux deux fromages, 42
Fritelle, 43
Aubergines cuites marinées, 44
Aubergines crues marinées, 45
Aubergines frites, 46
Brocoli à l'huile et au citron, 47
Caponata, 48
Champignons crus à la cannelle, 49
Champignons marinés, 50
Choux-fleurs marinés, 51
Tomates fraîches en compote, 52
Poivrons doux à l'huile, 53
Tomates bocconcini, 54
Tomates vertes marinées, 55
Zucchini crus marinés, 56
Zucchini frits, 57

Ailes de poulet

2 lb	AILES DE POULET	1 kg
	PÂTE DE PIMENT FORT EN CONSERVE	
	SEL	
	CANNELLE	
	SAFRAN	
	AIL	
	PAPRIKA	
/4 tasse	VIN BLANC SEC OU JUS D'UN CITRON	60 ml
	DANS	
tasse	EAU	250 ml

Couper les ailes en deux.
Mélanger et préparer une marinade avec tous les ingrédients.
Mariner les ailes 3 heures ou plus en les retournant de temps à autre.
Frire les ailes dans 3 po (8 cm) d'huile végétale pendant environ 5 minutes.
Lorsqu'elles sont dorées et croustillantes, les retirer et les déposer sur un papier absorbant.

es ailes de poulet seront servies avec l'apéritif ou à heure du buffet.
les sont aussi très bonnes cuites au barbecue.
es ailes montées en buisson, garnies de bouquets de rsil frisé et entourées de quartiers de citron dont on s asperge avant de les déguster, disparaissent tou- urs en un clin d'œil.

Canapés à la ricotta   *(4 personnes)*

3	TRANCHES DE PAIN DE MIE	3
2 c. à table	RICOTTA	30 ml
2 c. à table	ROMANO, PARMESAN OU PECORINO	30 ml
1 c. à table	PERSIL FRAIS HACHÉ FIN OU PESTO	15 ml
1	PETIT OIGNON COUPÉ EN RONDELLES	1
	POIVRE FRAIS MOULU	

- À l'aide d'un petit verre à liqueur ou d'un emporte-pièce, faire dans le pain de mie de petits ronds de la dimension des rondelles d'oignon.
- Les faire griller à la poêle d'un seul côté ou sous le gril.
- Poser une rondelle d'oignon sur le côté non grillé.
- Mélanger les fromages et le persil (ou pesto).
- Couvrir le pain grillé du mélange de fromages.
- Passer au four à 350 °F/180 °C pendant 15 minutes, puis sous le gril pendant 5 minutes.

Servez-les en même temps que les champignons ou avec des tomates et des céleris farcis d'anchois, accompagnés d'olives.

Champignons farcis   (*4 personnes*)

À la chair de saucisse

32	CHAMPIGNONS LAVÉS ET ÉQUEUTÉS	32
1/2	BOUT DE SAUCISSE ITALIENNE FORTE OU DOUCE, DÉFAITE	1/2
2 c. à table	RICOTTA	30 ml
1	JAUNE D'ŒUF BATTU LÉGÈREMENT	1
1/4 c. à thé	PIMENT FORT	1 ml

- Choisir de préférence de gros champignons.
- Retirer la peau qui recouvre la saucisse et défaire la viande.
- Bien mêler le tout.
- Farcir 16 champignons avec ce mélange.
- Cuire au four à 350 °F/180 °C pendant 30 minutes.
- Servir chaud.

À la ricotta et au pesto

1/2 tasse	RICOTTA	125 ml
1/4 tasse	PESTO	60 ml
1	BLANC D'ŒUF LÉGÈREMENT BATTU	1

- Bien mêler les ingrédients.
- Farcir le reste des champignons.
- Poser tous les champignons sur une plaque ou, mieux encore, sur une clayette.
- Cuir au four à 350 °F/180 °C pendant 30 minutes.
- Servir chaud.

Vous pouvez préparer ces champignons quelques heures à l'avance et les mettre au four à la dernière minute.

Cependant, si tel est le cas, passez les champignons dans le jus de citron pour conserver leur blancheur.

Si vous devez surveiller votre taux de cholestérol, n'utilisez que le blanc d'œuf comme liaison. Les champignons seront tout aussi délicieux.

Ces crostini sont très souvent annoncés dans les petits bars de quartier des grandes villes italiennes. Ils auront beaucoup de succès servis comme apéritifs avec d'autres petites bouchées que nous vous proposons.

Crostini comme en Italie   *(4 personnes)*

1/2 lb	FOIES DE VOLAILLE	250 g
1	OIGNON HACHÉ	1
1	GOUSSE D'AIL	1
4 c. à table	BEURRE	60 ml
1 c. à table	VIN BLANC SEC	15 ml
1/4 tasse	PARMESAN FRAIS RÂPÉ	60 ml
10	TRANCHES DE PAIN	10
	PERSIL	
	SEL ET POIVRE	

- Nettoyer les foies et les hacher.
- Faire fondre un peu de beurre dans un poêlon anti-adhésif.
- Blondir l'oignon haché et l'ail.
- Ajouter les foies et le vin blanc.
- Cuire doucement, les foies devant rester roses.
- Passer le tout au robot culinaire pour obtenir une purée assez fine.
- Ajouter alors le fromage et le persil.
- Goûter pour vérifier l'assaisonnement. Si on aime le goût de la muscade, on peut alors en ajouter un peu.
- Conserver au réfrigérateur.
- Pour servir, couper les tranches de pain en quatre et enlever la croûte.
- Faire griller le pain d'un côté.
- Beurrer le côté non grillé.
- Étendre une couche épaisse de foie sur le côté beurré.
- Mettre sous le gril jusqu'à ce que ce soit bien chaud.

Servez-les à l'heure de l'apéro avec des olives ou sur la table des antipasti.

Vous pouvez ajouter à la préparation des foies et une vingtaine d'olives dénoyautées et mises en purée. Dans ce cas, ne salez pas, les olives étant déjà suffisamment salées.

Petites boulettes
en hors-d'œuvre

(8 douzaines)

4	SAUCISSES ITALIENNES	4
1/4 tasse	CHAPELURE	60 ml
1/4 tasse	ROMANO OU PARMESAN FRAIS RÂPÉ	60 ml
1	ŒUF BATTU	1
2 c. à table	HUILE D'OLIVE	30 ml

- Enlever l'enveloppe qui recouvre les saucisses et défaire la viande.
- Mélanger tous les ingrédients, sauf l'huile.
- Façonner en petites boulettes de 1/2 po (1,3 cm) de
  diamètre.
- Chauffer l'huile et faire revenir les boulettes de tous
  côtés.

*On sert ces petites boulettes, piquées d'un cure-dent,
accompagnées de moutarde et/ou de ketchup maison
ou encore de sauce tomate (environ 1 tasse/250 ml) additionnée d'une bon-ne cuillerée de fromage râpé.*

Variante –

Ajoutez une pointe de pâte de piment à la sauce tomate.

Tortellini panés

(4 douzaines)

1/2 lb	TORTELLINI À LA VIANDE OU AU FROMAGE	500 g
1	ŒUF LÉGÈREMENT BATTU	1
3 c. à table	FARINE	45 ml
6 c. à table	CHAPELURE	90 ml
4 c. à table	ROMANO OU PARMESAN FRAIS RÂPÉ	60 ml
	HUILE VÉGÉTALE	
	SEL ET POIVRE	

- Faire cuire les tortellini à l'eau bouillante salée.
- Lorsqu'ils sont tendres, les égoutter, les passer à l'eau froide et les égoutter de nouveau.
- Mélanger la chapelure et le fromage râpé.
- Saler et poivrer la farine et bien mélanger.
- Fariner les pâtes de tous côtés et secouer pour enlever l'excédent de farine.
- Passer ensuite les tortellini dans l'œuf, puis dans la chapelure.
- Faire chauffer l'huile et faire dorer les tortellini jusqu'à ce qu'ils soient dorés et croustillants.
- Les retirer de l'huile et les déposer sur un papier absorbant.
- Les pâtes peuvent être frites à l'avance, puis réchauffées au four à 350 °F/180 °C pendant 10 minutes.

Sauce pour tortellini panés

1 tasse	SAUCE TOMATE	250 ml
2 c. à table	HUILE D'OLIVE	30 ml
1/2	POIVRON VERT COUPÉ EN DÉS	1/2
1	PETIT OIGNON HACHÉ	1
1	GOUSSE D'AIL	1
	PÂTE DE PIMENT EN CONSERVE, AU GOÛT	
1/2 tasse	CRÈME À 15 P. 100	125 ml
	SEL ET POIVRE	

- Faire chauffer l'huile.
- Faire revenir l'oignon, l'ail et le poivron.
- Lorsque l'oignon est transparent, ajouter la sauce tomate et le piment en conserve.
- Laisser mijoter pendant 30 minutes.
- Ajouter la sauce tomate à la crème.
- Réchauffer et servir.

On sert les tortellini dans un plat, piqués d'un cure-dent, accompagnés de cette sauce chaude. Chaque convive y trempera les tortellini à sa guise.

Ces petites bouchées croustillantes sont toujours source d'étonnement et, il faut bien le dire, de ravissement.

Artichauts et poivrons farcis

(6 personnes)

3	POIVRONS VERTS COUPÉS EN DEUX DANS LE SENS DE LA LONGUEUR ET NETTOYÉS	3
6	PETITS ARTICHAUTS	6
1	GOUSSE D'AIL	1
1 c. à table	HUILE D'OLIVE	15 ml

- Parer les artichauts en coupant les tiges et le bout des feuilles avec des ciseaux.
- Mettre dans l'eau froide avec l'ail et l'huile.
- Ajouter un peu de sel. Amener à ébullition et cuire de 5 à 10 minutes.
- Vérifier la cuisson avec la pointe d'un couteau. L'artichaut doit être tendre.
- Retirer du feu et laisser en attente.
- Si les artichauts sont assez gros, retirer le foin du cœur avant de les farcir. Pour ce faire, écarter les feuilles centrales et gratter à l'aide d'un couteau et d'une petite cuillère toute la partie centrale dure et piquante. On obtiendra ainsi un petit creux, le cœur tendre de l'artichaut, que l'on pourra farcir.

Farce

3 1/2 tasses	ROMANO OU PARMESAN RÂPÉ	875 ml
1 tasse	JAMBON CUIT COUPÉ EN PETITS DÉS	250 ml
1/3 tasse	SAUCISSE PEPPERONI EN DÉS	80 ml
1/4 tasse	PERSIL ITALIEN HACHÉ	60 ml
4	ŒUFS BATTUS	4
	POIVRE FRAIS MOULU	

- Mettre tous les ingrédients secs dans un bol.
- Ajouter les œufs légèrement battus et bien mélanger.
- Farcir les poivrons.
- Ouvrir les artichauts en dégageant le cœur et farcir tout autour du cœur et entre les feuilles. Le cœur des petits artichauts est tendre et ne présente pas de foin contrairement aux artichauts plus gros.

Sauce

28 oz	1 BOÎTE DE TOMATES BROYÉES	796 ml
1	OIGNON HACHÉ	1
1/4 tasse	PERSIL HACHÉ	60 ml
1	FEUILLE DE LAURIER	1
6	TRANCHES ASSEZ ÉPAISSES	6
	DE SAUCISSE ITALIENNE FORTE OU	
	DOUCE OU DE PEPPERONI	
2	PETITES CAROTTES POUR ADOUCIR	2
	LA SAUCE	

- Faire blondir l'oignon.
- Faire revenir la saucisse ou le pepperoni.
- Ajouter tous les autres ingrédients.
- Mijoter le tout 15 minutes.
- Verser cette sauce dans un plat assez grand pour contenir côte à côte les poivrons et les artichauts.
- Mettre les légumes bien rangés dans la sauce, couvrir et laisser cuire à feu doux pendant 1 heure.
- Servir avec d'autres plats d'antipasti ou avant une viande grillée ou des pâtes.

Vous trempez les feuilles dans la sauce en utilisant vos doigts et vous terminez avec la fourchette.

Aubergines aux deux fromages

(4 à 6 personnes)

1	GROSSE AUBERGINE	1
1/4 tasse	CHAPELURE	60 ml
1	ŒUF BATTU	1
1/2 tasse	HUILE D'OLIVE	125 ml
2 tasses	SAUCE TOMATE	500 ml
1/2 tasse	ROMANO OU PARMESAN	125 ml
2 c. à thé	SEL	10 ml
4 oz	MOZZARELLA TRANCHÉE	120 g

- Couper l'aubergine, sans la peler, en tranches de 1/4 po (5 mm) d'épaisseur.
- Disposer une couche d'aubergine dans un plat peu profond, saupoudrer de sel et continuer ainsi jusqu'à épuisement des aubergines.
- Faire dégorger les aubergines pendant environ 1 heure.
- Bien extraire l'eau des aubergines.
- Éponger et passer les tranches d'aubergine dans l'œuf, puis dans la chapelure.
- Chauffer l'huile dans un poêlon et cuire les tranches à feu moyen jusqu'à ce qu'elles soient dorées.
- Retirer et égoutter sur du papier absorbant.
- Verser un peu de sauce tomate au fond d'un plat à gratin et y déposer les aubergines.
- Couvrir celles-ci de mozzarella et terminer par une couche d'aubergine.
- Couvrir de nouveau de sauce tomate.
- Saupoudrer de romano.
- Cuire au four à 350 °F/180 °C pendant 30 minutes.

Il faut choisir les aubergines bien fermes, brillantes et sans meurtrissures. On peut les garder environ 3 ou 4 jours sans les mettre au réfrigérateur.

Fritelle *(4 personnes)*

1	AUBERGINE LONGUE ET FERME	1
1 tasse	FARINE	125 g
2	ŒUFS ENTIERS	2
1	BLANC D'ŒUF	1
1 tasse	LAIT	250 ml
2 c. à table	PERSIL ITALIEN FRAIS, HACHÉ	30 ml

- Couper l'aubergine en rondelles.
- Enlever les parties molles et les graines.
- Faire dégorger 20 minutes en couvrant de sel.
- Égoutter et essuyer.
- On devra avoir préparé la pâte 1 heure auparavant, en mettant le persil et un peu de poivre dans la pâte.
- Chauffer l'huile jusqu'à ce qu'elle fume.
- Plonger les aubergines dans la pâte, puis dans l'huile. Quand elles sont bien dorées, mettre les tranches sur un papier pour absorber l'excédent de gras.
- Garder au four chaud, porte ouverte, pour les servir toutes en même temps. Ces beignets peuvent aussi accompagner une viande ou être présentés avec une sauce tomate légèrement pimentée.

Il n'est pas absolument nécessaire de faire dégorger les aubergines au sel. Elles seront alors beaucoup plus fermes.

Entreposez-les à l'ombre, dans un endroit frais, et armez-vous de patience.
Les aubergines doivent attendre au moins une semaine avant d'être dégustées.
Plus elles vieillissent, meilleures elles sont.

Aubergines cuites marinées

1 lb	AUBERGINES	500 g
2 tasses	VINAIGRE DE VIN BLANC	500 ml
1 ou 2	PIMENTS FORTS OU	1 ou 2
	PÂTE DE PIMENT PRÉPARÉE	
2	GOUSSES D'AIL	2
1 c. à table	ORIGAN	15 ml
	UN PEU D'HUILE D'OLIVE	

- Choisir des aubergines assez longues puisqu'elles ont moins de petits grains à l'intérieur.
- Peler, trancher et saler pour faire dégorger.
- Attendre 30 minutes, puis éponger.
- Trancher alors les aubergines en longs rubans.
- Faire bouillir le vinaigre dans un chaudron non oxydable.
- Plonger les rubans d'aubergine et l'ail dans le vinaigre bouillant.
- Cuire 5 minutes. Il est important que l'aubergine soit bien cuite mais non en compote.
- Prévoir un pot de 2 tasses (500 ml) ébouillanté.
- Retirer les aubergines du vinaigre avec une écumoire et les mettre dans le pot.
- Bien presser pour faire remonter le liquide.
- Couvrir d'huile. Il est très important que les légumes soient couverts de liquide.
- Fermer le pot.

Aubergines crues marinées

	GROSSE AUBERGINE	1
3/4 tasse	HUILE D'OLIVE	180 ml
3 c. à table	VINAIGRE DE VIN BLANC	45 ml
	GOUSSE D'AIL BROYÉE	1
1 c. à thé	SEL	5 ml
1/4 c. à thé	POIVRE	1 ml
	QUELQUES FEUILLES D'ORIGAN	

- Couper l'aubergine en tranches de 1/4 po (5 mm), sans la peler.
- Faire dégorger environ 1 heure.
- Presser les aubergines entre les mains pour en extraire le plus d'eau possible, puis éponger.
- Dans un pot stérilisé, disposer une couche d'aubergines, un peu d'ail, de sel et de poivre.
- Couvrir d'huile et de vinaigre et continuer ainsi jusqu'à épuisement des ingrédients.
- Faire sortir l'air en glissant un couteau ou un bâtonnet de bois le long de la paroi jusqu'à ce que toutes les bulles d'air soient remontées à la surface.
- Fermer les pots et mettre au frais.
- Attendre au moins une semaine avant de déguster.

La pelure étant toujours un peu plus dure que la chair, vous pouvez donc peler l'aubergine. Si vous n'aimez pas son petit goût légèrement amer, vous pouvez retirer les graines. Mais il suffit habituellement de la faire dégorger.

Aubergines frites   *(4 personnes)*

4   PETITES AUBERGINES (OU 1 GROSSE)   4
              HUILE VÉGÉTALE
              SEL

- Peler les aubergines.
- Les couper en tranches rondes et assez fines.
- Les couper de nouveau en deux.
- Passer dans la friture.
- Déposer sur du papier afin d'absorber l'excédent de gras.
- Déguster comme des frites.

On peut préparer les zucchini de la même manière.

Brocoli à l'huile et au citron

(4 personnes)

1	BROCOLI	1
	SEL	
	CITRON	
5 c. à table	HUILE	75 ml
1	PETITE GOUSSE D'AIL	1

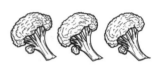

- Laver soigneusement le brocoli et le couper en petits bouquets. Garder les tiges pour une soupe ou une purée.
- Cuire les bouquets à l'eau bouillante salée environ 10 minutes (les légumes sont meilleurs lorsqu'ils sont un peu croquants).
- Bien égoutter, arroser d'une vinaigrette faite avec 1/2 citron, 5 c. à table (75 ml) d'huile et 1 petite gousse d'ail.
- Servir chaud avec une viande ou en entrée avec du thon, à la température ambiante.

Variante

Choux-fleurs et haricots verts ou jaunes sont également préparés de cette façon. Les légumes ainsi apprêtés se présentent très bien sur la table des hors-d'œuvre ou pour un buffet.

Si on les sert froids, ajouter une grosse poignée de pignons aux haricots verts. On peut également servir les haricots jaunes avec cette même vinaigrette dans laquelle on délaie 1 c. à thé (5 ml) de pâte de tomate. Nous recommandons de présenter chaque légume dans un plat différent ou encore, pour décorer l'assiette, d'utiliser des petits filets de poivron grillé.

La caponata est l'une des recettes traditionnelles que l'on retrouve dans tous les bons livres de cuisine italienne. Elle peut comporter de nombreuses variantes, mais l'important est de l'arroser d'un vinaigre de vin de très bonne qualité.

Jeanette:
Je préfère une caponata qui ne soit pas trop cuite; les légumes restent ainsi plus fermes tout en mêlant leurs saveurs.
Claudia garde toujours de la caponata congelée. C'est un bon moyen, au cœur de l'hiver, de mettre un peu de soleil dans notre assiette.

Caponata

2 lb	AUBERGINES	1 kg
2 lb	TOMATES	1 kg
1 lb	POIVRONS	500 g
2 tasses	CÉLERI EN DÉS	500 ml
2	OIGNONS HACHÉS	2
1 tasse	OLIVES NOIRES ET VERTES DÉNOYAUTÉES	250 ml
2 c. à table	CÂPRES	30 ml
6	FILETS D'ANCHOIS RINCÉS	6
1/2 tasse	VINAIGRE DE VIN BLANC POIVRE HUILE D'OLIVE	125 ml

- Peler les aubergines et les faire dégorger au sel.
- Couper en dés.
- Faire revenir à la poêle dans l'huile.
- Verser dans une passoire recouverte de papier pour absorber le surplus d'huile.
- Faire revenir les poivrons pelés et coupés en dés.
- Ajouter les oignons et laisser cuire 10 minutes.
- Retirer du feu et mettre dans une grande casserole pouvant contenir tous les légumes ainsi que les tomates pelées et épépinées.
- Cuire doucement pour faire évaporer le liquide.
- Ajouter alors le céleri, les poivrons, les oignons, les câpres, les olives et les anchois coupés en petits morceaux et arroser de vinaigre.
- Cuire environ 15 minutes.
- Poivrer et goûter pour rectifier l'assaisonnement. Les anchois et les olives étant très salés, il est habituellement inutile d'ajouter du sel.
- Refroidir et servir frais.

On peut ajouter une boîte de thon à l'huile à cette préparation ou encore un morceau de thon frais cuit au court-bouillon avec un peu de jus de tomate.

Champignons crus à la cannelle

(1 personne)

1 tasse	CHAMPIGNONS DE PARIS BLANCS OU CAFÉ	250 ml
	JUS DE CITRON	
2 c. à table	VINAIGRE DE VIN	30 ml
7 c. à table	HUILE D'OLIVE	105 ml
	CANNELLE	
	SEL ET POIVRE	

- Bien brosser les champignons.
- Couper les queues et les conserver pour un usage ultérieur.
- Arroser les champignons de jus de citron pour garder leur couleur.
- Préparer une vinaigrette avec le vinaigre de vin et l'huile d'olive.
- Saler, poivrer et ajouter la cannelle.

Les champignons prennent une jolie couleur un peu rousse.

Vos invités seront sans doute un peu surpris et charmés du goût inhabituel de cette salade et vous verrez le plat se vider rapidement!

Les champignons dits «café» sont des champignons de Paris, mais d'une jolie couleur café. Leur goût est légèrement plus soutenu que celui des champignons blancs. Pour vérifier la fraîcheur des champignons blancs ou café, on s'assure de la fermeté du chapeau qui doit être bien lisse extérieurement et dont les lamelles doivent être attachées à la tige.

Cette salade de champignons gagne à être prête quelques heures à l'avance et à être servie à la température ambiante. Compter 1 tasse (250 ml) de champignons crus par personne.

Pour préparer les champignons marinés, grand-maman choisissait toujours de très petits champignons qu'elle laissait entiers et qui faisaient le plus bel effet autant dans les pots que sur la table.

Champignons marinés

1 lb	CHAMPIGNONS	500 g
3/4 tasse	HUILE D'OLIVE	180 ml
1	GOUSSE D'AIL ÉMINCÉE	1
1/4 tasse	VINAIGRE BLANC	60 ml
1 c. à thé	SEL	5 ml
1/4 c. à thé	POIVRE	1 ml
1	BRANCHE DE THYM	1

- Bien brosser les champignons et couper les queues.
- Choisir de préférence de petits champignons et les laisser entiers, sinon les couper en deux ou en quatre.
- Les faire blanchir pendant 1 minute.
- Les retirer de l'eau, les égoutter et les éponger afin qu'ils soient parfaitement séchés.
- Mettre une couche de champignons au fond d'un pot de conserve stérilisé.
- Recouvrir d'un peu d'huile, d'ail, de sel, de poivre et d'un peu de vinaigre et insérer la branche de thym debout.
- Continuer ainsi jusqu'à épuisement des ingrédients.
- L'huile doit recouvrir les champignons.
- S'assurer qu'il n'y a pas de bulles d'air.
- Réfrigérer au moins deux semaines avant de servir.
- Avant de servir, laisser à la température ambiante pendant au moins 1 heure.
- Servir comme accompagnement ou antipasto.

Choux-fleurs marinés ✔

2	CHOUX-FLEURS DÉFAITS EN BOUQUETS	2
	GROS SEL	
	POIVRON VERT ET/OU ROUGE	1
	COUPÉ EN LANIÈRES	
2	OIGNONS TRANCHÉS OU	2
0	PETITS OIGNONS À MARINADE	10
2	BRANCHES DE CÉLERI AVEC FEUILLES	2
2	CAROTTES COUPÉES EN BÂTONNETS	2
tasses	VINAIGRE BLANC	1 litre
c. à table	GRAINES DE CÉLERI	15 ml
c. à table	GRAINES DE FENOUIL OU	15 ml
	FENOUIL FRAIS	

Mettre les choux-fleurs dans un grand plat et les saupoudrer de gros sel.
Laisser reposer ainsi pendant 24 heures.
Faire bouillir le vinaigre pendant 15 minutes.
Bien égoutter les choux-fleurs, ne pas les rincer et les placer dans des pots stérilisés avec le poivron,
les oignons, le céleri, les carottes, les graines de céleri et le fenouil.
Recouvrir avec le vinaigre chaud et laisser refroidir avant de sceller.

Même si vous trouvez que ces légumes sont très vinairés, ne coupez pas le vinaigre avec de l'eau, ce qui altérait la couleur des choux-fleurs. Sortez plutôt les légumes et adoucissez-les avec un peu d'huile d'olive avant de les servir.

Tomates fraîches en compote

5 lb	TOMATES FRAÎCHES	2 kg
2 c. à table	HUILE D'OLIVE	30 m
1	OIGNON ÉMINCÉ	1
2	GOUSSES D'AIL HACHÉES	2
	ORIGAN	
	BASILIC	
	PERSIL ITALIEN	
	SEL ET POIVRE	

- Certaines tomates se pèlent très bien crues, sinon les plonger 3 minutes dans l'eau bouillante.
- Peler, couper en gros morceaux et enlever les graines.
- Fondre l'oignon et l'ail dans l'huile et y mettre les tomates.
- Baisser le feu au plus bas et laisser cuire doucement pendant 20 minutes.
- Ajouter les herbes.
- Servir très chaud.
- Cette compote doit être plutôt sèche et épaisse.

Cette compote ou sauce vite faite peut être servie soit sur des pâtes, soit comme légume. Elle sera également très bonne froide.

Poivrons doux à l'huile   *(4 personnes)*

4	POIVRONS	4
	POIVRE NOIR	
4	GOUSSES D'AIL HACHÉES	4
	HUILE D'OLIVE	

- Compter au moins un poivron par personne.
- Choisir des poivrons bien fermes sans aucune meur-trissure et assez gros.
- Chauffer le gril du four à 500 °F/260 °C.
- Laver les poivrons, les couper en quatre, retirer la partie blanche et les graines.
- Poser les quartiers de poivrons sur une plaque, peau dessus.
- Quand la peau est toute noire et boursouflée, retirer les poivrons du four et laisser refroidir en couvrant d'un papier.
- Quand les poivrons sont froids, retirer délicatement la peau noircie.
- Trancher les poivrons en rubans et poivrer géné-reusement.
- Ajouter un hachis d'ail et couvrir d'huile d'olive.
- Servir à la température ambiante.

Cette salade ayant toujours beaucoup de succès, il vaut mieux en préparer une assez grande quantité. D'ailleurs elle se conserve très bien au réfrigérateur si les poivrons sont couverts d'huile. Cette salade de poivrons est très attrayante si on choisit des légumes de couleurs différentes: jaunes, orangés, rouges ou verts. Les poivrons noirs ou violets tournent malheureusement au vert une fois cuits ou marinés. Il est donc inutile de s'en procurer pour cette recette. Ne soyez pas surpris, les poivrons verts se pèlent plus difficilement que les autres.

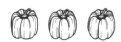

*L*e poivron débarrassé de sa peau est très facile à di-gérer, de même que l'ail débarrassé du petit germe vert. Deux moyens pour conserver cette salade: la faire con-geler ou la mettre dans des pots très propres. Couvrir complètement d'huile et conserver au frais. Nous préfé-rons cette dernière méthode mais il est très important de la garder au réfrigérateur.
Nous avons toujours au réfrigérateur un pot de poi-vrons doux à l'huile. Ils nous servent à décorer de nombreux plats et à en relever le goût.

Le mot bocconcini veut dire «petits morceaux». Il s'agit de petits fromages blancs et frais, de type mozzarella, et de la grosseur d'un œuf.

On trouve les bocconcini soit en vrac, chez les marchands de produits italiens, soit dans des contenants de plastique au comptoir des produits laitiers, dans la plupart des grandes épiceries. Ils sont toujours présentés dans un liquide. Égouttez-les avant de les utiliser.

Leur goût étant très doux, ils seront meilleurs servis avec de l'huile, du sel et du poivre.

En Italie, dans les restaurants de quartier, on voit sur une table de service de grands bols remplis de bocconcini flottant dans leur liquide de conservation.

Les convives les mangent souvent à la fin du repas, assaisonnés de sel, de poivre et d'un jet d'huile.

Tomates bocconcini (*4 personnes*)

4	TOMATES	4
4	BOCCONCINI	4
	FEUILLES DE BASILIC FRAIS	
	HUILE D'OLIVE	
	SEL ET POIVRE	

- Trancher les tomates et les bocconcini.
- Faire alterner les tranches de tomate et les tranches de fromage.
- Déposer sur les bocconcini une feuille de basilic, un tour de moulin de poivre, du sel et de l'huile.
- Compter une tomate moyenne par personne. Voilà une entrée vite faite et légère.

Variante

Garnir les bocconcini avec des filets d'anchois rincés. Cette salade de tomates sera également délicieuse si vous remplacez les bocconcini par du fromage pecorino coupé en petits morceaux.

Tomates vertes marinées

Dimanche matin, onze heures, le téléphone sonne. Lise et Jean-Marie, amis québécois qui vivent heureux à Paris depuis quelques années, arrivent du marché. Ils veulent la recette des tomates vertes marinées. Voici donc cette recette qui nous a valu le plaisir d'un interurbain.

2 lb		1 kg
	TOMATES VERTES	
	GROS SEL	
	GOUSSES D'AIL	
	POIVRE FRAIS MOULU	
	HUILE D'OLIVE	
	BRANCHE D'ORIGAN	
	VINAIGRE BLANC	
	POIVRE	

- Laver les tomates et les essuyer.
- Les trancher, les saupoudrer de gros sel et les déposer sur du papier de cuisine.
- Laisser reposer pendant 30 minutes.
- Éponger légèrement.
- Déposer dans un pot (grandeur 1 ou 2) la branche d'origan, puis les tomates en alternant avec du sel, de l'ail haché menu et du poivre.
- Couvrir d'huile et ajouter 1 c. à table (15 ml) de vinaigre par pot.
- Faire sortir l'air en glissant un couteau ou un bâtonnet de bois jusqu'au fond du pot.
- Fermer les pots et les mettre au froid.
- Attendre au moins une semaine avant de consommer.

Ces tomates servies avec des tomates rouges et des poivrons à l'huile constituent une entrée légère et ensoleillée avant un repas d'automne ou d'hiver qui ne doit pas nécessairement être italien. Elles se conserveront très bien dans une chambre froide ou au réfrigérateur si elles sont bien couvertes d'huile.

Si les courgettes ne sont pas trop grosses, compter une courgette par personne. Il est préférable de choisir des courgettes longues et fines.
Cette salade sera meilleure préparée quelques heures à l'avance et servie à la température ambiante.

Zucchini crus marinés (4 personnes)

4	ZUCCHINI (COURGETTES)	4
	HUILE	
	VINAIGRE DE VIN BLANC	
	MOUTARDE EN POUDRE OU MOUTARDE FORTE	
	SEL ET POIVRE	

- Laver et brosser les zucchini.
- Les peler en laissant une bande verte entre chaque bande blanche.
- Trancher finement.
- Arroser d'une vinaigrette d'huile et de vinaigre de vin blanc très moutardée.
- Goûter pour vérifier l'assaisonnement.

Si vous n'aimez pas beaucoup le goût assez fort des courges, vous apprécierez sans doute les courgettes crues plutôt que cuites.
Plus vous les choisirez petites, plus leur goût sera fin.

Zucchini frits   *(4 personnes)*

ZUCCHINI MOYENS (COURGETTES)	8
ŒUF BATTU	
SEL ET POIVRE	
CHAPELURE	

Laver, brosser et bien essuyer les zucchini.
Couper les extrémités et les jeter.
Couper en bâtonnets sans peler.
Passer dans un œuf battu avec du sel et du poivre.
Rouler dans de la chapelure fine et frire assez rapidement afin qu'ils ne ramolissent pas.
Servir bien chaud.

On peut utiliser le blanc d'œuf seul pour paner les zucchini, ce qui non seulement réduits les calories, mais est préférable pour ceux et celles qui doivent surveiller leur taux de cholestérol. Les zucchini ainsi préparés sont excellents comme légumes d'accompagnement pour le poulet rôti ou le poisson au four.
Il faut choisir les zucchini bien fermes et sans meurtrissure et très bien les brosser puisqu'on ne les pèle pas.

Les Italiens aiment beaucoup les zucchini. Dans certaines familles, on a l'habitude de faire frire les belles fleurs jaunes de courgette dans une pâte à crêpe liquide, mais on doit alors sacrifier le fruit, ce qui est bien dommage.

Salami, jambons et autres
viandes sèches

La table des antipasti ne serait pas complète sans un assortiment de viandes sèches et de saucissons. Ces produits sont habituellement disponibles dans toutes les grandes épiceries, cependant certains jambons et bœufs secs ne se trouvent que chez les marchands italiens, mais, croyez-nous, ils valent le déplacement.

Prosciutto

Le jambon de Parme, ou prosciutto, est sans doute le plus connu et le plus apprécié. Il est délicieux servi avec du melon, mais également avec des figues fraîches, du concombre ou des poires pelées.

Si vous trouvez son prix élevé, rappelez-vous que ce jambon doit être de première qualité et que le processus de salage est très long. Ce jambon est toujours tranché mince comme du papier de soie, et dans certaines familles on achète une pièce complète que l'on peut utiliser selon les besoins.

Mortadelle

Attention, ne confondez pas saucisson de Bologne et baloney, ils sont en fait très différents. Vous reconnaîtrez facilement le saucisson de Bologne aux petits morceaux de gras parsemés dans la chair bien rose.

Pour éviter toute confusion, demandez plutôt de la mortadelle.

Pancetta

Vous constaterez que nous utilisons fréquemment la pancetta pour cuisiner. Il s'agit de poitrine de porc salée, et pour nous elle remplace le bacon. Vous pourrez l'acheter en tranches rondes ou, mieux encore, si vous avez la chance d'en trouver car elle est plus rare et meilleure au goût, en petit bloc rectangulaire que votre marchand se fera un plaisir de trancher pour vous.

Bresàola

On arrive à se procurer la bresàola chez certains marchands italiens. Il s'agit de bœuf cru, salé un peu à la manière du
prosciutto. La période de vieillissement étant longue, ce bœuf
est très coûteux, mais quel délice! Il faut le servir en entrée
plutôt que perdu sur la table des hors-d'œuvre.

Pour en goûter toute la finesse, on l'arrose d'un peu
d'huile d'olive et de quelques gouttes de jus de citron, un tour
de moulin à poivre... et le silence se fait autour de la table.

Pepperoni

C'est un petit saucisson sec de type salami qu'on trouve
très facilement dans tous les marchés d'alimentation.

Chapitre 3

Insalate Sempre

On reproche souvent à la cuisine italienne de reposer essentiellement sur les pâtes enrobées de sauce et de fromage, mais les Italiens sont également friands de légumes, de salades et de fruits. L'Italie est riche de ces produits qui sont parmi les meilleurs de la planète, quand on a la chance de les manger sur place, mûris au soleil et frais cueillis.

Les recettes de salades que vous trouverez dans ce chapitre peuvent tout aussi bien constituer un repas d'été, faire partie de la table d'antipasti pour une réception, ou agrémenter un buffet. Plusieurs de ces salades sont des plus nourrissantes, mêlant parfois des éléments qui vous paraîtront peut-être inhabituels. L'expérience nous prouve cependant qu'elles sont toujours accueillies avec gourmandise.

Si vous avez l'habitude de fréquenter un magasin d'alimentation où l'on trouve des produits italiens, vous aurez peut-être remarqué de gros pots annonçant «Frutti di mare». Nous vous donnons notre version maison de cette salade qui se mange froide et qui remporte toujours beaucoup de succès. Nous connaissons bon nombre de personnes qui furent étonnées d'apprendre qu'elles mangeaient des calmars avec plaisir.

Nous utilisons souvent du thon, l'un des poissons les plus populaires en région méditerranéenne. Quand la saison le permet, c'est-à-dire de la mi-avril à la fin de mai, il faut acheter du thon frais. C'est une expérience qu'on n'oublie pas.

Vous remarquerez par contre que nous parlons peu des laitues dont nous raffolons pourtant. Mais nous mangeons chaque jour des salades de laitues de toutes sortes et nous pensons que, comme nous, vous avez vos habitudes et vos recettes préférées. Il ne faut cependant pas oublier quelques recettes typiques comme la salade de pissenlit ou le radicchio (sorte de petit chou rouge) qui peut également être dégusté braisé et chaud et dont nous vous communiquons la préparation au chapitre des légumes.

Insalate Sempre

Insalata di piscialetto, 63
Salade de concombres, 64
Salade de fagioli al'tonno, 65
Salade de calmars d'Yvon, 66
Salade de lentilles piquante, 68
Salade de morue séchée, 69
Salade d'épinards, 70
Salade de pommes de terre, 71
Salade de thon au fenouil, 72
Salade de thon et de tomates, 73
Tomates en salade, 74
Salade de tomates en conserve, 75
Salade d'oignons et d'olives, 76
Salade d'oranges à l'huile, 77
Salade Lanzillotta, 78
Salade pasta pesto, 79

nsalata di piscialetto *(4 à 6 personnes)*

/2 lb	PISSENLITS FRAIS	250 g
c. à table	HUILE D'OLIVE	15 ml
c. à table	VINAIGRE DE VIN	45 ml
	GOUSSE D'AIL BROYÉE	1
	TRANCHES DE PANCETTA OU DE BACON	4
	COUPÉES EN PETITS MORCEAUX	
	SEL ET POIVRE FRAIS MOULU	

Laver les pissenlits à grande eau.
Sécher soigneusement.
Faire revenir la pancetta (ou bacon) à la poêle jusqu'à ce qu'elle soit croustillante.
Dans un saladier, mettre l'ail, l'huile et le vinaigre.
Ajouter les pissenlits et la pancetta.
Bien mélanger, saler et poivrer au goût.

V̸ous pouvez ajouter de petits croûtons à l'ail si vous ̷e souhaitez. Remarquez que cette salade demande une ̷inaigrette très faible en huile.
̷i les feuilles sont plus grosses, il faut enlever le cœur et ̷s faire blanchir 1 minute pour les attendrir et tuer ̷amertume.

Vous avez déjà ri des vieilles dames en noir qui, tôt les matins de printemps, parcourent les parcs des villes, penchées vers la terre à la recherche de petites pousses de pissenlit? Aujourd'hui, vous vous délectez de cette salade, à la mode dans les restaurants chic... et vous servez même des feuilles de pissenlit puisque, nos grand-mères le savaient bien, elles sont bonnes pour la santé, légèrement dépuratives et favorisent la digestion.

Claudia:
Tant que le parc devant chez moi n'a pas été trop pollué, grand-maman Rafaella, coquette dans ses robes printanières, se fit un plaisir de ramasser les feuilles de pissenlit, qu'elle choisissait jeunes pour qu'elles soient plus tendres et moins amères.

Nos grand-mères préparaient souvent un petit plat de fenouil cru accompagné d'un bol d'huile d'olive très poivrée et salée, le «pinzimonio», qui nous permettait de prendre patience en attendant le dîner ou de grignoter en continuant la conversation après le repas.

Salade de concombres   *(4 à 6 personnes*

1	CONCOMBRE ANGLAIS TRANCHÉ MINCE	
1/2	BULBE DE FENOUIL AVEC FEUILLES COUPÉ EN PETITS BÂTONNETS	1/:
1/3 tasse	VINAIGRE DE BASILIC	80 m
2 c. à table	HUILE D'OLIVE	30 m
	SEL ET POIVRE	

- Mélanger tous les ingrédients.
- Réfrigérer.
- Servir froid.

Le fenouil

Originaire d'Italie, le fenouil (finocchio di Firenze) est u légume qui ressemble un peu au céleri, mais dont l base a la forme d'un bulbe. Son goût est délicatemen anisé. On peut le manger cru ou cuit, et il faut le net toyer de la même manière que le céleri.
Le mince feuillage du fenouil est des plus gracieux. ajoutera à de nombreux plats sa note vert tendre et s fraîcheur, comme par exemple dans la recette de salad ci-haut ou dans une salade de pommes de terre.
Le fenouil est délicieux braisé ou mêlé à parts égale avec des oignons, des pommes et des raisins secs e fondu doucement à la poêle. Traditionnellement les Ita liens, surtout les Romains, le mangent avec du porc.
Et même s'il ne s'agit pas d'un vieux truc de nos grano mères, nous pouvons vous confier que fenouil et sau mon fumé font un mariage parfait.

Salade de fagioli al'tonno

(4 à 6 personnes)

19 oz	1 BOÎTE DE HARICOTS BLANCS (FAGIOLI)	540 g
10 1/2 oz	2 BOÎTES DE THON À L'HUILE OU 10 1/2 OZ (300 G) DE THON FRAIS CUIT AU COURT-BOUILLON	300 g
	OIGNONS BLANCS ÉMINCÉS	2
1 c. à thé	ROMARIN	5 ml
6 c. à table	BONNE HUILE	90 ml
2 c. à table	VINAIGRE	30 ml
	SEL ET POIVRE	

Rincer soigneusement les haricots à l'eau courante.
Défaire le thon en morceaux.
Macérer les oignons dans le vinaigre.
Préparer la vinaigrette dans le bol à salade.
Mettre les éléments de la salade dans la vinaigrette.
Bien mêler tous les ingrédients.
Servir frais.

Cette salade, servie avec des aubergines marinées et les tomates, constitue un repas vite fait et très agréable.

Les légumineuses, comme les fagioli, demandent un temps de trempage assez long avant de les cuire. Il est préférable de les acheter en conserve et de toujours en avoir une provision permettant de préparer rapidement un repas avec quelques éléments frais. Vous les trouverez facilement dans de nombreuses marques identifiées en italien.

Salade de calmars d'Yvon

(8 à 10 personnes)

1 lb	CALMARS NETTOYÉS AVEC LEURS TENTACULES	500 g
1 lb	PÉTONCLES COUPÉS EN DEUX	500 g
1 lb	PETITES CREVETTES CRUES DÉCORTIQUÉES ET DÉVEINÉES	500 g
3 douzaines	MOULES	3 douzaines
1	BRANCHE DE CÉLERI COUPÉE GROSSIÈREMENT	1
1	CAROTTE COUPÉE GROSSIÈREMENT	1
1	OIGNON MOYEN	1
1	BRANCHE DE PERSIL ITALIEN	1
1	FEUILLE DE LAURIER	1
1	BRANCHE DE THYM FRAIS OU	1
1 c. à thé	THYM SÉCHÉ	5 ml
1 c. à thé	SEL	5 ml
6	GRAINS DE POIVRE	6
4 tasses	EAU	1 litre
1 tasse	VIN BLANC SEC	250 ml

Vinaigrette

1	GOUSSE D'AIL HACHÉE FINEMENT	1
1 c. à table	PERSIL FRAIS HACHÉ	15 ml
	JUS D'UN CITRON	
2 c. à table	VINAIGRE DE VIN ROUGE	30 ml
1 c. à table	VINAIGRE DE BASILIC	15 ml
2/3 tasse	HUILE D'OLIVE	160 ml
1 c. à table	PETITES CÂPRES	15 ml
1/4 tasse	PETITS OIGNONS VERTS HACHÉS (ÉCHALOTES)	60 ml

Pour cette recette, il est recommandé d'utiliser des fruits de mer frais.

Laver les calmars et les couper en petits anneaux.

Laver les pétoncles et les essuyer.

Décortiquer et déveiner les crevettes.

Brosser les moules et enlever leur barbe.

Cuire les moules à la vapeur dans 1 tasse (250 ml) d'eau, 1 tasse (250 ml) de vin et un bouquet garni. Elles sont prêtes lorsque les coquilles sont ouvertes. Jeter celles qui sont restées fermées.

Dans une casserole, verser l'eau, ajouter le céleri, la carotte, l'oignon, les herbes, le sel et le poivre. L'eau doit couvrir les ingrédients.

Amener à ébullition, couvrir et laisser mijoter 20 minutes.

Ajouter le vin.

Lorsque le liquide commence à bouillir de nouveau, ajouter les calmars et les faire cuire 15 minutes.

Ajouter les pétoncles et laisser mijoter 5 minutes.

Ajouter les crevettes, remuer délicatement et laisser mijoter de 3 à 4 minutes.

Retirer les fruits de mer.

Vérifier la cuisson, car les fruits de mer deviennent caoutchouteux après une cuisson trop longue.

Passer sous l'eau froide pour arrêter la cuisson.

Vinaigrette

Bien mélanger tous les ingrédients dans un bocal à fermeture hermétique.

Verser sur les fruits de mer encore tièdes, puis ajouter les câpres et les échalotes.

Mélanger délicatement.

Laisser refroidir et réfrigérer au moins 1 heure.

Les lentilles sèches ne coûtent vraiment pas cher, ce qui peut nous laisser rêveuses quand on sait qu'Ésau vendit son droit d'aînesse à son frère Jacob pour un plat de lentilles... Les temps ont bien changé!

Bref, pas chères et pratiques, les lentilles faisaient partie de l'armoire d'urgence de nos grand-mères qui savaient les accommoder de maintes façons.

Salade de lentilles piquante

(4 personnes)

	2 BOÎTES DE LENTILLES DE 19 OZ (540 ML) CHACUNE	
3	OIGNONS HACHÉS	
	AIL AU GOÛT	
	PIMENT FORT EN PÂTE AU GOÛT	
1 tasse	HUILE D'OLIVE AU BASILIC	125 m
1	BOUQUET DE PERSIL ITALIEN	
1	CITRON	

- Fondre les oignons dans un peu d'huile.
- Rincer les lentilles.
- Hacher le persil, râper l'écorce du citron et mélanger
- Mêler les lentilles, l'oignon et l'ail.
- Faire une vinaigrette avec le jus du citron, l'huile et le piment.
- Saler, poivrer, arroser la salade et bien mêler.
- Décorer avec le mélange de persil et d'écorce de citron.
- Servir à la température ambiante.

On peut également servir cette salade chaude pour ac compagner l'agneau, le poulet ou le lapin.

Voilà un souper ou un dîner d'été vite fait, nourrissan et économique, ce qui, certains jours, n'est pas négli geable!

Salade de morue séchée

(4 à 6 personnes)

1 lb	MORUE SÉCHÉE	500 g
1	OIGNON	1
1	BRANCHE DE THYM	1
1	FEUILLE DE LAURIER	1
1/4 tasse	PERSIL ITALIEN FRAIS HACHÉ	60 ml

- Faire tremper la morue dans l'eau pendant 48 heures en changeant l'eau de trempage fréquemment.
- Faire pocher la morue pendant 30 minutes à petit feu avec l'oignon, le thym et la feuille de laurier.
- Égoutter la morue et l'émietter dans un saladier.

Vinaigrette

2/3 tasse	HUILE D'OLIVE	160 ml
	JUS D'UN CITRON	
2	GOUSSES D'AIL HACHÉES FINEMENT	2
10	OLIVES NOIRES	10
1 c. à table	PETITES CÂPRES	15 ml
	PIMENT FORT MARINÉ (BANANA) EN CONSERVE, ÉMINCÉ	1
1/4 tasse	PERSIL ITALIEN FRAIS	60 ml
	POIVRE FRAIS MOULU	

- Mélanger l'huile, le vinaigre, le citron et l'ail.
- Lorsque la morue est encore tiède, l'arroser de la vinaigrette.
  Ajouter les olives, les câpres, le piment et le persil à la morue.
- Réfrigérer.
  Servir froid.

Les piments vendus dans le commerce étant rouges, jaunes et verts, utilisez un peu des trois.
Même si le temps de trempage vous paraît long, il est important de le respecter. Une fois cette étape faite, la salade est facile à préparer et son succès auprès de vos invités vous ravira et vous poussera à faire comme vous, c'est-à-dire à toujours l'inscrire à vos menus de buffet.

Les Italiens sont très amateurs de poisson salé, «baccalà»: il s'agit habituellement d'un poisson blanc, le plus souvent de la morue.

Salade d'épinards   *(4 personnes)*

10 oz	1 SAC D'ÉPINARDS	284 g
1 c. à table	VINAIGRE DE VIN BLANC	15 ml
6 c. à table	HUILE D'OLIVE	90 ml
	SEL ET POIVRE	
	GOUSSE D'AIL	
	PIGNONS	
	MOUTARDE FORTE	

- Bien laver et essorer les épinards.
- Enlever les queues et laisser les feuilles entières.
- Préparer une vinaigrette avec très peu de vinaigre de vin blanc: environ 1 cuillerée pour 6 cuillerées d'huile.
- Ajouter les épinards à la vinaigrette au dernier moment. Touiller longuement afin de bien enrober les feuilles.

*O*n peut également ajouter à cette salade des petits morceaux de pancetta qu'on aura soin de faire cuire auparavant dans un poêlon antiadhésif. Si on ne craint pas les calories, on ajoutera le gras de cuisson de la pancetta.

Dans ce livre, vous constaterez que nous utilisons fréquemment les épinards. Bons au goût, bons pour la santé, riches en vitamines et en minéraux, ils sont une excellente source de carotène, de vitamines B et E.

Pourtant ils ont, à tort, mauvaise réputation, peut-être parce qu'on les a trop souvent présentés sans les accommoder et trop cuits. Un petit paquet boueux dans un coin d'assiette n'a rien de très séduisant.

Les épinards crus prennent une grande place dans les salades, panachées ou non. Cuits, ils doivent garder leur forme et rester légèrement croquants. Le meilleur moyen pour arriver à ce résultat consiste à les faire chauffer rapidement dans un poêlon antiadhésif sans ajouter d'eau.

Pour que les épinards crus soient à leur meilleur, ne pas les essorer complètement et les mettre au réfrigérateur dans un sac de plastique. Ils gonfleront et seront très croquants.

Salade de pommes de terre

(*4 personnes*)

Cette salade qui ne contient pas de mayonnaise se conserve bien, est plus légère que la salade de patates traditionnelle et craint moins la chaleur quand elle fait partie d'un buffet d'été.

	GROSSES POMMES DE TERRE ÉPLUCHÉES, CUITES À L'EAU ET ÉMINCÉES	6
	TRANCHES DE PANCETTA OU DE LARD FUMÉ, COUPÉES EN DÉS	4
1/4 tasse	PERSIL FRAIS EN BOUQUETS	60 ml
c. à thé	PIMENT FORT HACHÉ (PÂTE)	5 ml
c. à table	HUILE D'OLIVE	30 ml
c. à table	VINAIGRE	45 ml
	ÉCHALOTE FRANÇAISE SÈCHE	1
1/2 c. à thé	ORIGAN	2 ml
	SEL ET POIVRE	

Faire dorer la pancetta dans très peu d'huile jusqu'à ce qu'elle soit croustillante.
Laisser tiédir.
Faire une vinaigrette avec le reste des ingrédients.
Verser sur les pommes de terre chaudes.

Variante

On peut, si on le souhaite, substituer la même quantité de vin blanc au vinaigre.
La vinaigrette versée sur les pommes de terre chaudes pénètre beaucoup mieux et rend la préparation plus savoureuse.
Supprimer le piment fort et l'origan et les remplacer par une ou deux grosses cuillerées de brins de fenouil et une petite pincée de grains de fenouil.

Salade de thon au fenouil

1/2 tasse	RIZ CUIT	125 m
10 1/2 oz	THON EN CONSERVE OU THON FRAIS, CUIT	300
2	OIGNONS ÉMINCÉS TRÈS FINEMENT	
2	PETITS BULBES DE FENOUIL ÉMINCÉS	
2	ŒUFS DURS	
1	CITRON	
6 c. à table	HUILE	90 m
1 c. à table	VINAIGRE DE VIN PARFUMÉ À L'ESTRAGON	15 m

- Faire la vinaigrette avec le vinaigre, le jus du citron et l'huile.
- Saler et poivrer.
- Ajouter les oignons et le fenouil.
- Déposer le thon défait en morceaux par-dessus.
- Faire une couronne avec le riz autour du plat.
- Décorer le tout avec les œufs durs.
- Mêler au moment de servir.

*O*n peut éventuellement ajouter des olives noires à l'huile, et même, si vous les aimez autant que nous, une petite boîte d'anchois à l'huile.

Si vous avez la chance de trouver du thon frais, vous pouvez faire de petites incisions dans la chair du poisson pour y insérer des petits bouts d'anchois. Omettez alors le sel en préparant le court-bouillon.

Quand on utilise les anchois, si on ne veut pas qu'ils soient trop salés, on peut les passer sous le robinet d'eau chaude et les éponger avant de les utiliser.

Salade de thon et de tomates

(4 personnes)

10 1/2 oz	THON EN CONSERVE OU THON FRAIS, CUIT	300 g
4	GROSSES TOMATES BIEN ROUGES	4
4	FROMAGES BOCCONCINI EN QUARTIERS	4
1	OIGNON ÉMINCÉ	1
2	ŒUFS DURS HACHÉS FINEMENT	2
1 c. à table	CÂPRES	15 ml

- Si on utilise du thon frais, il faut le faire cuire au court-bouillon environ 30 minutes.
- Macérer les oignons dans un peu de vinaigre 1 heure avant de faire la salade.
- Effeuiller le thon.
- Couper les tomates en quartiers.
- Mêler tomates, fromage et thon.
- Ajouter les oignons et arroser d'un peu d'huile.
- Saler, poivrer, parsemer d'œufs hachés et de câpres.
- Mêler très délicatement avant de servir.

Manger du thon frais est une belle expérience culinaire. Malheureusement au Québec nous ne le trouvons pas facilement chez nos poissonniers. Mais si vous en avez l'occasion, ne manquez pas votre chance de goûter ce poisson à son meilleur. Faites-le cuire au court-bouillon ou à l'étuvée afin qu'il ne sèche pas et qu'il reste moelleux.

Si vous n'avez pas de basilic frais sous la main, vous pouvez décorer les tomates de feuilles de basilic que vous aurez pris soin de conserver dans l'huile. L'effet est peut-être moins joli mais le goût n'en souffrira pas.

La ciboulette est en fleurs? Profitez-en pour décorer vos salades avec ces jolies petites fleurs lavande que vous pouvez même manger!

Tomates en salade ~~~~~~~~~~~~ *(4 personnes)*

4	TOMATES	4
	BASILIC	
	PERSIL ITALIEN	
	AIL HACHÉ	
	SEL ET POIVRE	
	HUILE D'OLIVE	

- Mettre les tomates tranchées dans un joli plat.
- Arroser d'huile.
- Parsemer d'un hachis d'ail et de persil.
- Décorer avec les feuilles de basilic.
- Laisser reposer à la température ambiante 1 heure avant de servir.

Variante

Vous pouvez ajouter une grande quantité de ciboulette hachée.

Le persil étant une excellente source de vitamine C, nous ne l'utilisons jamais trop.

Et si par malchance vous n'avez pas de basilic ou de persil sous la main, mettez une grosse cuillerée de pesto dans votre vinaigrette.

Cette salade est encore meilleure faite avec les tomates italiennes, dites olivettes, parce qu'elles ont la forme oblongue caractéristique des olives.

Les tomates ne se conservent pas au frigo, mais à la température ambiante.

Salade de tomates en conserve

(4 personnes)

28 oz	1 BOÎTE DE TOMATES	796 ml
	PERSIL ITALIEN FRAIS	
1 ou 2	GOUSSES D'AIL	1 ou 2
	ORIGAN	
	SEL ET POIVRE	

- Choisir des tomates rondes, italiennes, ou en morceaux.
- Couper en gros morceaux si les tomates sont entières.
- Égoutter.
- Ajouter un gros bouquet de persil plat (italien), 1 ou 2 gousses d'ail, le sel, le poivre et l'origan.
- Bien mélanger et servir à la température ambiante.

Voilà une délicieuse salade particulièrement appréciée l'hiver quand les tomates fraîches ne sont pas très belles ou qu'elles sont beaucoup trop chères.
Pour servir cette salade chaude, ajoutez un oignon revenu dans un peu d'huile et 1 ou 2 c. à table (15 à 30 ml) de pesto.
Les poêlons ou casseroles à revêtement antiadhésif sont très pratiques parce qu'ils permettent d'utiliser une très petite quantité d'huile.

L'oregano, origan en français, est le terme italien pour la marjolaine. Si vous cultivez quelques herbes dans votre jardin, vous savez déjà qu'il y a trois types de marjolaine et que la marjolaine sauvage est celle désignée sous le nom d'origan. Son goût étant plus fort, il faut donc l'utiliser avec parcimonie.
Cette herbe fut longtemps considérée comme un agent de préservation des aliments. Ce qui explique peut-être sa popularité dans les pays le long de l'Adriatique et de la Méditerranée.

Eh oui! Il faut aimer les oignons et prévoir quelques grains de café à croquer pour rafraîchir l'haleine, mais quelle bonne salade.

Laissez vite tomber vos préjugés et essayez-la, vous y reviendrez certainement.

Salade d'oignons et d'olives

(8 personnes)

6	PETITS OIGNONS VERTS (ÉCHALOTES)	6
2	ÉCHALOTES SÈCHES ÉMINCÉES	2
1	GROS OIGNON PELÉ ET TRANCHÉ FINEMENT	1
1	GROS OIGNON ROUGE PELÉ ET TRANCHÉ FINEMENT	1
1/4 tasse	VINAIGRE DE VIN ROUGE	60 m
1 c. à thé	SEL	5 m
1 1/2 tasse	OLIVES NOIRES DÉNOYAUTÉES	375 m
1 tasse	OLIVES VERTES DÉNOYAUTÉES	250 m
1	GOUSSE D'AIL ÉMINCÉE	1
1 tasse	HUILE D'OLIVE	250 m
1/4 c. à thé	POIVRE FRAIS MOULU	1 m

- Mettre les oignons et les échalotes dans un plat.
- Saler et verser le vinaigre dessus.
- Réfrigérer au moins 1 heure.
- Ajouter l'ail, les olives vertes et noires et l'huile d'olive.
- Ajouter le poivre et bien mélanger.
- Servir à la température ambiante.

Salade d'oranges à l'huile

(4 personnes)

4	ORANGES	4
	HUILE D'OLIVE	
	SEL ET POIVRE ROSE	

- Peler les oranges à vif.
- Trancher le plus finement possible.
- Saler, poivrer et arroser d'huile vierge de première pression.

Simple et vite faite, cette salade est un atout de plus sur une table chargée d'antipasti, ou une collation fraîche et différente.

Servie avec quelques tranches de prosciutto ou de bresàola, voilà une entrée qui surprendra et charmera vos invités.

Si vous voulez faire encore plus d'effet, succombez comme nous au plaisir des sanguines ou oranges de sang. Ces oranges nous arrivent de Sicile au cœur de l'hiver, habituellement au mois de février. Elles sont enveloppées individuellement d'un papier de soie coloré. Pour toute notre famille, c'est un vrai bonheur d'attendre leur arrivée, de se payer le luxe (car c'en est un) de quelques belles oranges qui, une fois pelées, offrent à notre convoitise une chair intense, juteuse et marbrée d'un rouge flamboyant. Extrayez-en le jus, vous croirez voir du jus de tomate!

La sanguine, c'est une orange en habit de gala.

Claudia:

Une fois l'an, la famille Lanzillotta se réunit au grand complet pour célébrer l'été (nous sommes maintenant plus d'une centaine). Le repas s'organise autour d'une multitude de salades et de desserts qui complètent le mets principal, soit la saucisse italienne maison cuite sur le gril.

Salade Lanzillotta *(6 personnes)*

	LAITUE (2 OU 3 VARIÉTÉS)	
	BOUQUETS DE CHOU-FLEUR CRU	
1/2 tasse	CHAMPIGNONS FRAIS TRANCHÉS	125 ml
1	COURGETTE TRANCHÉE	1
1	POIVRON VERT ET/OU ROUGE	1
2	TOMATES COUPÉES EN QUARTIERS	2
1 tasse	OLIVES NOIRES ET VERTES	250 ml
	DÉNOYAUTÉES	
1/2	CONCOMBRE TRANCHÉ	1/2
1	OIGNON HACHÉ	1
1	POIGNÉE DE PERSIL ITALIEN	1
	FRAIS HACHÉ	
	SEL ET POIVRE	

- Bien mêler les ingrédients.
- Ajouter le sel et le poivre.
- Au moment de servir, arroser avec la vinaigrette suivante:

Vinaigrette

1 tasse	HUILE D'OLIVE	250 ml
3 c. à table	VINAIGRE DE VIN BLANC	45 ml
1	JUS D'UN CITRON	1
1 c. à thé	SEL	5 ml
1	GOUSSE D'AIL	1
2 c. à table	CIBOULETTE HACHÉE	30 ml
2 c. à thé	MOUTARDE FORTE	10 ml
1 c. à thé	SAUGE	5 ml
1	PETIT OIGNON VERT HACHÉ	1
	(ÉCHALOTE)	

- Mettre tous les ingrédients dans un bocal fermant hermétiquement et secouer énergiquement.
- Garder au réfrigérateur jusqu'au moment d'utiliser.
- Préparer au moins 1 heure avant de servir.
- Jeter l'ail quand la vinaigrette est suffisamment parfumée.

Il est important de détailler le chou-fleur en très petits bouquets.
La variété et la couleur des ingrédients rendent cette salade très attrayante.

Salade pasta pesto

(4 personnes)

lb	TORTELLINI À LA VIANDE OU AU FROMAGE	500 g
c. à table	PESTO	60 ml
1/2 tasse	CRÈME À 35 P. 100 POIVRE NOIR	375 ml

- Cuire les tortellini dans une grande quantité d'eau additionnée d'un peu de sel et d'huile.
- Mettre le pesto dans la crème.
- Arroser les pâtes avec ce mélange.
- Goûter et rectifier l'assaisonnement en ajoutant beaucoup de poivre noir.

Cette salade sera meilleure faite la veille et sortie du réfrigérateur au moins 1 heure avant le repas.
On peut utiliser de la crème à 15 p. 100; la salade sera plus faible en calories, mais tout aussi bonne.
Servie avec une salade verte, aux épinards et aux pignons par exemple, la pasta pesto permet de préparer rapidement un souper d'été.
On peut doubler les quantités à volonté.

Jeanette:
Vous voulez ajouter un peu de couleur et donner un goût différent à ce plat?
Ajoutez des poivrons grillés à l'huile, des anchois ou des olives. Ou alors tous ces éléments réunis si, comme moi, vous êtes gourmande.

Chapitre 4

Pasta Per Piacere

Les Chinois et les Romains se disputent depuis longtemps l'honneur d'avoir inventé les pâtes. Si les Chinois ont raison, cela veut dire que la légende qui attribue à Marco Polo la responsabilité d'avoir rapporté de Chine cette petite merveille culinaire est bien exacte. Et bravo pour Marco Polo et pour la pasta!

Ce qui semble toutefois certain, c'est que les Italiens ont mis au service de la pasta toute leur créativité et toute leur fantaisie.

Les fabricants d'une grande marque de pâtes ont même eu l'idée de commander à de grands couturiers des dessins de pâtes. C'est ainsi qu'en Italie on trouve l'art même dans son assiette!

Longues ou courtes, larges ou minces, carrées, rondes, en boucles, en papillons, en tortillons, les pâtes se mêlent à toutes les sauces avec bonheur. Des livres entiers leur sont consacrés et nous n'avons pas la prétention de leur faire concurrence.

Les recettes, que nous voulons partager ici avec vous, nous viennent de nos ancêtres et ont été rapportées d'Italie dans la mémoire et les mains habiles de nos grand-mères.

Pâtes maison, pâtes fraîches, pâtes sèches, question de goût ou question d'habitude, question de temps aussi.

Faire ses pâtes soi-même ne présente pas de nos jours de difficultés particulières puisque nous avons à notre disposition tous les ustensiles qui nous facilitent la tâche. Telle n'était pas la situation de nos grand-mères qui devaient s'organiser avec les moyens du bord. Un rouleau à pâtisserie géant (*laina dura*), une large table faite sur mesure (*tavola*), de la patience et de l'endurance, voilà les instruments indispensables à la cuisinière du début du siècle. Mais les habitudes sont tenaces et, malgré la venue du confort moderne, grand-maman préfère cuisiner à l'ancienne. Elle pose sur la longue table farinée une portion de pâte que d'un mouvement souple et régulier elle amincit jusqu'à l'épaisseur voulue. Un petit clap sec ponctue la fin de chaque mouvement. Le rythme est égal, la pâte s'enroule, se déroule, atteint la minceur idéale. Il ne reste plus qu'à la tailler, à l'aide d'un couteau bien aiguisé, en longs rubans étroits qu'elle fera ensuite sécher.

Une odeur de farine mouillée flotte dans la maison. Posées sur des cordes tendues dans la cuisine, ou sur de longs bâtons de bois recouverts de toile et suspendus entre deux chaises, les pâtes sèchent.

Et nous cédons à un de nos plaisirs héréditaires: manger un peu de pâte crue.

Vous trouverez à la page 84 notre recette de pâte à pâtes. Il faut du temps pour la préparer, mais certains jours faire les pâtes peut devenir un plaisir familial des plus agréables.

On peut bien sûr acheter les pâtes fraîches chez un fournisseur de son quartier. Il est assez facile de vérifier à l'œil la fraîcheur véritable de ces pâtes. Si elles vous semblent jaunies et asséchées, laissez-les au comptoir. Il vaut mieux acheter alors des pâtes sèches de bonne qualité.

Les pâtes fraîches se conserveront deux jours au réfrigérateur si elles sont couvertes d'un linge propre mouillé. N'oubliez pas que leur temps de cuisson est court, de 2 à 4 minutes pour qu'elles soient *al dente.*

Inutile de préciser que pour nous une armoire sans pâtes est presque une armoire vide...

Les pâtes sèches de bonne qualité sont faites de blé dur, alors vérifiez bien l'étiquette. Les pâtes de moins bonne qualité cuiront mal, deviendront molles et gorgées d'eau. Les pâtes sèches se conservent environ 6 mois à l'abri de l'air et de la lumière, elles sont d'un beau jaune pâle et leur grain est uni.

Méfiez-vous des pâtes en vrac qui ont séjourné à l'air et qui peuvent même goûter le moisi.

On trouve également des pâtes aux œufs, comme celles fabriquées à la maison, qui sont très bonnes.

Fraîches ou sèches, les pâtes cuiront dans une grande quantité d'eau bouillante salée et additionnée d'une bonne cuillerée d'huile. Vous les remuerez un peu avec une fourchette de bois et vous compterez le temps de cuisson à partir de la reprise de l'ébullition. Après les avoir goûtées pour vérifier si elles sont prêtes, vous les égoutterez et les rincerez à l'eau chaude pour les débarrasser de l'amidon qui les rendrait collantes. Vous pouvez maintenant les servir avec la sauce de votre choix.

Pasta Per Piacere

Pâtes fraîches aux œufs   *(6 personnes)*

5 tasses	FARINE TOUT USAGE	1,25 litre
3	ŒUFS	3
3	BLANCS D'ŒUFS	3
1 c. à table	SEL	15 ml
3 c. à table	HUILE D'OLIVE	45 ml
environ		environ
1/2 tasse	EAU	125 ml

- Verser la farine dans un bol ou, mieux encore, sur une planche à pâtisserie.
- Faire un puits au milieu.
- Y déposer les œufs, les blancs d'œufs, le sel et l'huile.
- Mélanger le tout et ajouter l'eau petit à petit jusqu'à ce qu'il ne reste plus de farine sèche.
- Pétrir la pâte jusqu'à ce qu'elle soit élastique et lisse.
- L'envelopper dans un papier film et laisser reposer pendant 1 heure au réfrigérateur.
- Prendre un morceau de la pâte de la grosseur de la main et envelopper le reste pour l'empêcher de sécher.
- Poser la première boule de pâte sur une surface farinée.
- Avec un rouleau à pâtisserie, abaisser la pâte en commençant près de vous et en tournant le disque dans le sens des aiguilles d'une montre.
- À chaque coup de rouleau, changer de direction pour obtenir un cercle.
- Saupoudrer de farine pour empêcher la pâte de coller. Continuer jusqu'à ce que la pâte soit mince comme une feuille de papier.
- Fariner légèrement la pâte et former un rouleau.
- Avec un couteau bien aiguisé, couper la pâte de la largeur désirée et le plus également possible.
- Dérouler les lamelles et les étendre, en une seule couche, sur un linge propre légèrement fariné ou sur un séchoir à pâte.
- Procéder de la même manière pour le reste de la pâte.
- Laisser sécher 1 heure à l'air libre.

*V*ous pouvez utiliser de la farine de blé entier. Vos pâtes seront plus nourrissantes et tout aussi délicieuses.

Remarquez que nous utilisons des œufs entiers et des blancs d'œufs.

Les blancs d'œufs rendent les pâtes plus fermes. Si vous les remplacez par des jaunes, vos pâtes seront plus tendres.

Si l'on possède un appareil à confectionner les pâtes

- Placer une boule de pâte de la grosseur de la main et la passer à travers les rouleaux réglés au maximum.
- Plier la pâte et la faire repasser.
- Répéter cette opération plusieurs fois pour bien pétrir la pâte.
- On peut, par la suite, passer la pâte à un cran inférieur et ainsi de suite jusqu'à ce qu'elle soit mince comme une feuille de papier.
- Fariner légèrement la pâte pour l'empêcher de coller.
- Pour couper les spaghetti ou les fettucini, passer la pâte à travers les accessoires adéquats.

Nos grand-mères ne possédaient évidemment pas de machines sophistiquées. Elles avaient en revanche plusieurs petites mains pour travailler avec elles. Elles n'étaient jamais dérangées par les enfants dans la cuisine, puisque ceux-ci participaient toujours à la confection des pâtes en cassant les œufs, en roulant la pâte ou en la coupant.

Cavatelli

(6 personnes)

5 tasses	FARINE	1,25 litre
5	ŒUFS BATTUS	5
3 c. à table	HUILE D'OLIVE	45 ml
1 c. à table	SEL	15 ml
1/2 tasse environ	EAU	125 ml environ

• Mélanger la pâte en procédant de la même façon que pour les pâtes fraîches (voir page 84).
• Prendre une petite quantité de pâte et former des petites saucisses d'environ 3/8 po (1 cm).
• Les couper en petits dés.
• Sur une surface farinée, presser ces petits dés de pâte avec une fourchette ou avec l'index et le majeur de façon à former de petites coquilles.
• Les faire sécher sur un linge sec et fariné pendant au moins 3 heures.
• Cuire à l'eau bouillante salée jusqu'à ce que les pâtes soient tendres.
• Servir avec une sauce tomate et du parmesan râpé.

Les cavatelli sont des pâtes à consistance plus lourde que les pâtes maison habituelles. Pour nous elles sont un vrai régal. Voilà un plat que vous ne trouverez certainement pas au restaurant et qui vaut la peine d'être essayé au moins une fois.

Linguine à l'ail et à l'huile

(4 personnes)

1 lb	LINGUINE	500 g
1/4 tasse	HUILE D'OLIVE	60 ml
2 à 3	GOUSSES D'AIL ÉCRASÉES	2 à 3
1 c. à table	PERSIL FRAIS HACHÉ	15 ml
1/4 c. à thé	PÂTE DE PIMENT	1 ml
	FROMAGE PARMESAN RÂPÉ	

- Cuire les linguine à l'eau bouillante salée.
- Égoutter et verser dans un plat de service chaud.
- Chauffer l'huile dans un poêlon et ajouter l'ail.
- Dès que l'ail blondit, le jeter sur les linguine.
- Ajouter alors la pâte de piment et mêler soigneusement.
- Servir saupoudré de persil et de fromage.

Les linguine sont des pâtes de même dimension que les spaghetti mais plates.
Vous avez encore fait cuire trop de pâtes? Bravo!
Elles serviront dans cette recette très appréciée des enfants.

- *Beurrer un plat à gratin.*
- *Déposer successivement un rang de pâtes et un rang*
- *de fromage gorgonzola, provolone ou tout autre fromage ayant un goût assez soutenu.*
- *Si l'on a un reste de boulettes ou de saucisson, l'ajouter après l'avoir tranché.*
- *Couvrir de sauce tomate ou d'une boîte de tomates broyées et mettre au four à 350°F/180°C pendant 30 minutes.*
- *Griller avant de servir en couvrant le plat d'un mélange de parmesan et de chapelure.*

Spaghetti alle vongole *(4 à 6 personnes)*

1 lb	SPAGHETTI	500 g
3 lb	PALOURDES	1,5 kg
1/2 tasse	HUILE D'OLIVE	125 ml
2	GOUSSES D'AIL BROYÉES	2
2 lb	TOMATES PELÉES, ÉPÉPINÉES ET HACHÉES	1 kg
1	BRANCHE DE CÉLERI COUPÉE EN DÉS	1
	POIVRE FRAIS MOULU	
	PERSIL ITALIEN HACHÉ	

- Déposer les palourdes dans une grande casserole avec 1/2 tasse (125 ml) d'eau.
- Lorsque les coquilles s'ouvrent, retirer du feu.
- Retirer les palourdes du liquide en réservant celui-ci pour la sauce après l'avoir passé au tamis.
- Retirer la chair des coquilles et en réserver quelques-unes pour décorer.
- Faire chauffer l'huile et l'ail dans une casserole.
- Lorsque l'ail est blond, ajouter le céleri, les tomates et le liquide des moules.
- Poivrer généreusement.
- Laisser mijoter pendant 30 minutes.
- Cuire les pâtes *al dente* et les égoutter.
- Ajouter les palourdes et le persil à la sauce tomate et laisser mijoter de 3 à 4 minutes.
- Mettre les pâtes dans un plat de service réchauffé.
- Verser 1/2 tasse (125 ml) de sauce tomate sur les spaghetti.
- Décorer de palourdes dans leur coquille et servir le reste de la sauce en saucière.

Vous pouvez remplacer les palourdes par des moules en procédant de la même manière, de même que vous pouvez remplacer les palourdes fraîches par deux boîtes de petites palourdes en conserve et leur jus.

Spaghetti au beurre *(4 personnes)*

1 lb	SPAGHETTI	500 g
4 oz	BEURRE	120 g
1/2 tasse	PARMESAN OU ROMANO	125 ml
2 c. à table	PERSIL FRAIS HACHÉ	30 ml

- Cuire les pâtes dans une grande quantité d'eau bouillante avec un peu de sel et d'huile.
- Quand elles sont *al dente,* les égoutter et les remettre dans la casserole.
- Laisser le feu très doux et ajouter le beurre par petites portions jusqu'à ce qu'il soit fondu.
- Ajouter alors le fromage râpé, bien mélanger et poivrer. Saupoudrer de persil avant de servir.

*O*n compte 3 1/2 oz (100 g) de spaghetti par personne.

Comme variante, vous pouvez ajouter un œuf battu à la dernière minute.

Réchauffer les spaghetti, c'est simple. Vous pouvez les tremper 3 minutes à l'aide d'une passoire dans l'eau bouillante, les faire revenir dans la poêle ou choisir la recette que vous trouverez à la page suivante.

Le spaghetti au beurre, si simple, est l'un des plats préférés de Jeanette et c'est sans doute la première recette qu'elle a réussie.

C'est également le plat anti-déprime de notre amie Judith qui s'en prépare même à onze heures du soir.

Les enfants, qui aiment souvent les pâtes nature, apprennent très vite à apprécier les spaghetti au beurre. Cet excellent repas vite fait leur procure l'énergie nécessaire à leurs ébats et les initie en douceur aux sauces plus relevées des adultes.

Spaghetti carbonara e funghi

(4 personnes)

3	ŒUFS ENTIERS	3
1 tasse	ROMANO RÂPÉ	250 ml
1 lb	SPAGHETTI	500 g
2 c. à table	BEURRE RAMOLLI	30 ml
8	TRANCHES DE PANCETTA OU DE BACON COUPÉES EN MORCEAUX DE 1/4 PO (5 MM)	8
1 c. à thé	PÂTE DE PIMENT	5 ml
2 tasses	CRÈME À 35 P. 100	500 ml
1 tasse	CHAMPIGNONS TRANCHÉS	250 ml
1 c. à table	PERSIL FRAIS HACHÉ	15 ml
1	PINCÉE DE MUSCADE	1
	POIVRE FRAIS MOULU	

- Battre les œufs, incorporer la moitié du fromage râpé et réserver.
- Faire revenir les morceaux de pancetta ou de bacon dans un poêlon antiadhésif pour les rendre croustillants.
- Avant la fin de la cuisson, faire revenir les champignons avec la pancetta.
- Enlever toute trace de gras.
- Ajouter la crème, le persil, la muscade et la pâte de piment.
- Laisser réduire la crème, sans faire bouillir, pendant que les pâtes cuisent.
- Chauffer un plat de service.
- Cuire et égoutter les spaghetti et les verser dans le plat chaud.
- Incorporer le beurre en retournant les pâtes.
- Ajouter le mélange aux œufs, puis le mélange de pancetta. Les œufs crus cuiront suffisamment au contact des pâtes.
- Ajouter beaucoup de poivre.
- Servir avec un bol de fromage râpé.

Spaghetti de Saint-Joseph

(4 à 6 personnes)

2/3 tasse	HUILE D'OLIVE	160 ml
3	GOUSSES D'AIL	3
1 tasse	CHAPELURE	250 ml
1 2/3 oz	1 BOÎTE D'ANCHOIS AVEC OU SANS CÂPRES	50 g
1 lb	PÂTES FRAÎCHES CUITES DANS L'EAU BOUILLANTE SALÉE	500 g

- Chauffer l'huile.
- Faire revenir l'ail sans laisser brunir.
- Retirer l'ail.
- Ajouter la chapelure et les anchois ainsi que l'huile de conserve des anchois.
- Retirer du feu immédiatement.
- On peut ajouter des olives noires dénoyautées ou des câpres.
- Servir sur pâtes fraîches et bien mélanger.

Claudia:

Traditionnellement on prépare le spaghetti de Saint-Joseph le 19 mars. Nonna Rafaella recevait donc toute la famille et quelques amis ce jour-là, pour une fête qui se répétait d'année en année. Pour accompagner ces pâtes, elle offrait des éperlans frits et des «crespelle» non sucrés.

Les années ont passé, la nonna nous a quittés, mais devinez ce que nous mangeons le 19 mars...

Les pignons

Le pignon est une toute petite noix au goût très fin, à la forme allongée. On la désigne également sous le nom de pigne. C'est la noix de la pomme de pin, et elle est surtout utilisée en pays méditerranéen.

Le coût des pignons étant assez élevé, il vaut mieux les acheter en petite quantité et les conserver au réfrigérateur car ils ont tendance à rancir assez rapidement. Le temps de conservation est d'environ un mois. Nous avons l'habitude d'utiliser les pignons dans de nombreuses recettes, cependant vous aurez peut-être de la difficulté à les trouver près de chez vous. Vous pourrez alors les remplacer par des amandes hachées. Les magasins d'aliments naturels, ou qui vendent des produits en vrac, sont de bons endroits pour trouver ces délicieuses petites noix.

Tagliatelle aux pignons et à l'ail

(4 personnes)

1 lb	TAGLIATELLE	500 g
1/2 tasse	PIGNONS	125 ml
2	GOUSSES D'AIL	2
6 c. à table	HUILE D'OLIVE	90 ml
	PARMESAN FRAIS RÂPÉ	
	MUSCADE	
	SEL ET POIVRE	

- Cuire les tagliatelle dans une grande quantité d'eau bouillante salée.
- Faire revenir les pignons et l'ail dans 1 c. à table (15 ml) d'huile d'olive jusqu'à ce qu'ils soient d'un beau brun doré.
- Ajouter les pignons aux pâtes cuites.
- Ajouter l'huile et le parmesan, et bien mêler.
- Râper au-dessus de la préparation un peu de muscade et poivrer.
- Servir immédiatement en présentant un bol de parmesan.

Il est toujours difficile, même pour nous, de faire cuire la bonne quantité de pâtes. Il est généralement admis que 3 1/2 oz (100 g) de pâtes par personne constituent une portion normale. Nous en cuisons toujours trop, mais mieux vaut trop que trop peu.

Tagliatelle de Claudia   *(4 personnes)*

1 lb	TAGLIATELLE	500 g
1 c. à table	BEURRE	15 ml
2	GOUSSES D'AIL BROYÉES	2
8	CHAMPIGNONS TRANCHÉS FINEMENT	8
1/2 tasse	VIN BLANC SEC	125 ml
1 tasse	FROMAGE MASCARPONE	250 ml
1/2 tasse	FEUILLES DE BASILIC OU DE PERSIL FRAIS	125 ml
	NOIX DE GRENOBLE HACHÉES	
	QUELQUES GROSSES NOIX	

- Dans un poêlon, faire revenir les champignons et l'ail.
- Quand les champignons sont dorés, verser le vin blanc et laisser réduire de moitié.
- Pendant ce temps, cuire les pâtes.
- Quand elles sont prêtes, les égoutter et les déposer dans un grand plat de service chaud.
- Ajouter le mascarpone par petites portions et bien mêler aux pâtes en faisant fondre le fromage.
- Incorporer les champignons.
- Saupoudrer le tout de basilic ou de persil.
- Servir très chaud immédiatement.

*V*ous pouvez décorer avec des noix entières.

Une entrée de bresàola ou de légumes à l'huile, une salade verte, les tagliatelle de Claudia et, pour finir, un gâteau léger accompagné de fruits frais présentés dans un melon ou un ananas évidé, voilà un repas qui comblera de plaisir vos invités.

Le mascarpone étant un fromage très riche, nous vous suggérons d'omettre le service de fromage.

Vous trouverez à la page 127 quelques précisions sur ce pur délice qu'est le mascarpone. Cette recette mise au point par Claudia est exquise et a une saveur très subtile.

Cannelloni farcis à la viande

(*8 personnes*)

24	CANNELLONI CUITS ET RINCÉS	24
2 c. à table	HUILE D'OLIVE	30 ml
1	OIGNON MOYEN HACHÉ	1
4 oz	ÉPINARDS FRAIS, CUITS, ÉGOUTTÉS ET HACHÉS OU ÉPINARDS CONGELÉS CUITS SELON LE MODE D'EMPLOI	120 g
1 lb	VEAU HACHÉ	500 g
2 c. à table	BEURRE	30 ml
2	FOIES DE VOLAILLE	2
1/4 tasse	ROMANO FRAIS RÂPÉ	60 ml
1/4 tasse	MOZZARELLA	60 ml
2 c. à table	CRÈME À 15 OU À 35 P. 100	30 ml
2	ŒUFS BATTUS	2
1/2 c. à thé	ORIGAN	1
	SEL ET POIVRE	

Farce

- Chauffer l'huile et faire blondir l'oignon et l'ail à feu doux.
- Dès que les oignons sont transparents, ajouter les épinards et cuire jusqu'à évaporation complète de l'eau.
- Transvaser dans un bol.
- Faire fondre la moitié du beurre et faire revenir la viande hachée en remuant afin d'empêcher la formation de grumeaux.
- Ajouter cette viande au premier mélange.

- Faire fondre le reste du beurre et faire revenir les foies.
- Hacher grossièrement puis les ajouter à la viande.
- Ajouter les fromages, la crème, les œufs et les assaisonnements. Bien mélanger.
- Farcir les cannelloni.
- Verser un peu de sauce tomate dans un plat à gratin.
- Aligner les cannelloni et les recouvrir de sauce et les saupoudrer de fromage.
- Mettre au four à 350 °F/180 °C pendant 30 minutes.

Vous pouvez utiliser des cannelloni précuits ou des cannelloni ordinaires.

Variante

Les cannelloni sont également délicieux servis avec une béchamel.

Si vous préparez les cannelloni à la sauce tomate, vous pouvez les congeler tout prêts et les sortir 2 heures avant la cuisson.

Grand-maman Biondi faisait la lasagne avec de la sauce tomate sans viande ou avec une sauce aux petites boulettes grosses comme des olives. Il lui arrivait également de mettre dans la lasagne une couche d'œufs durs tranchés ou encore des champignons et des piments.

Lasagne de Claudia   *(6 personnes)*

1 lb	LASAGNES CUITES, ÉGOUTTÉES ET RINCÉES À L'EAU FROIDE	500 g
4 tasses	SAUCE TOMATE À LA VIANDE	1 litre
1 lb	MOZZARELLA EN TRANCHES MINCES	500 g
1/2 tasse	PARMESAN OU ROMANO RÂPÉ	125 ml
1	ŒUF BATTU	1
1/4 tasse	PERSIL HACHÉ FINEMENT	60 ml

- Mêler le persil et l'œuf, saler et poivrer.
- Dans un plat à gratin rectangulaire, mettre une couche de sauce à la viande, une couche de lasagne et une couche de tranches de mozzarella.
- Saupoudrer de parmesan ou de romano.
- Étendre un peu d'œuf battu et recommencer jusqu'à épuisement des ingrédients en terminant par la sauce.
- Couvrir de fromage râpé.
- Cuire dans un four préchauffé à 350 °F/180 °C pendant 30 minutes.
- Laisser reposer 5 minutes avant de servir.

Lasagne de Jeanette   *(6 à 8 personnes)*

1 lb	LASAGNE SANS PRÉCUISSON	500 g
4 tasses	SAUCE À LA VIANDE	1 litre
15 oz	1 CONTENANT DE RICOTTA	450 g
20	TRANCHES DE MOZZARELLA	20
1 tasse	PARMESAN	250 ml
4 tasses	BÉCHAMEL	1 litre

- Préparer la béchamel selon ses habitudes mais en utilisant du lait plutôt que de la crème.
- Laisser tiédir.
- Mettre une mince couche de sauce dans le fond du plat à lasagne beurré.
- Poser dessus une première couche de lasagne non cuite.
- Ajouter une bonne couche de sauce et saupoudrer de parmesan râpé.
- Une autre couche de lasagne.
- Une couche très épaisse de ricotta.
- Sur la ricotta, un peu de béchamel.
- Une autre couche de lasagne.
- Une couche de sauce à la viande.
- Recouvrir le tout de béchamel puis de mozzarella.
- Mettre au four chaud à 350 °F/180 °C pendant environ 45 minutes.
- Laisser reposer quelques minutes avant de servir.

Coquilles géantes farcies *(6 personnes)*

18	GROSSES COQUILLES	18
1	GROSSE BOÎTE DE THON	1
15 oz	1 CONTENANT DE RICOTTA	450 g
1	ŒUF	1
1/4 tasse	PERSIL HACHÉ	60 ml
	SEL ET POIVRE	
	THYM	
	ROMARIN	
4 tasses	BÉCHAMEL	1 litre
1 c. à table	PURÉE DE TOMATE	15 ml

- Cuire les grosses coquilles environ 10 minutes (elles doivent être encore un peu dures, ce qui les rendra plus faciles à farcir).
- Faire une farce avec le thon, la ricotta, l'œuf et les herbes.
- Farcir les coquilles refroidies.
- Préparer une béchamel à laquelle on ajoutera 1 c. à table (15 ml) de purée de tomate.
- Beurrer un plat à gratin et y déposer côte à côte les coquilles farcies.
- Couvrir de béchamel pas trop épaisse.
- Mettre au four à 350 °F/180 °C pendant environ 45 minutes.

Si vous le souhaitez, vous pouvez ajouter une pointe de piments forts à la béchamel.

Vous pouvez également préparer cette sauce avec du bouillon de poulet dégraissé, si vous ne pouvez pas, pour des raisons de régime, consommer du lait ou de la crème.

Le fromage ricotta est maigre, ce qui permet de cuisiner de nombreux plats délicieux même quand on doit surveiller son alimentation.

Vous pouvez farcir ces coquilles d'épinards et de ricotta.

Tortellini sauce aux épinards

(4 personnes)

Selon notre amie Lucette, cette sauce est un péché de gourmandise qui peut en mener plusieurs en enfer... Saurez-vous résister?

2 c. à table	BEURRE	30 ml
10 oz	1 SAC D'ÉPINARDS CRUS, ÉGOUTTÉS ET PASSÉS AU ROBOT CULINAIRE	284 g
1 tasse	CHAMPIGNONS TRANCHÉS	250 ml
2 tasses	CRÈME À 35 P. 100	500 ml
1	GOUSSE D'AIL HACHÉE	1
3/4 tasse	VIN BLANC SEC	175 ml
1 lb	TORTELLINI	500 g
1/4 tasse	PARMESAN OU ROMANO RÂPÉ	60 ml
	SEL ET POIVRE	
	MUSCADE	

- Faire fondre le beurre dans un poêlon antiadhésif et faire revenir les champignons avec l'ail et les épinards (crus et passés au robot culinaire).
- Ajouter le vin blanc et laisser réduire de moitié.
- Ajouter la crème et chauffer à feu doux.
- Râper un peu de muscade sur la sauce.
- Cuire les pâtes et les égoutter.
- Ajouter le fromage à la sauce et verser sur les pâtes chaudes.

Cette sauce très rapide à préparer peut également accompagner les fettucini.

Pour un repas raffiné, vous pouvez servir des pâtes à la sauce tomate avec ces tortellini aux épinards.

Le mélange des deux sauces, en plus d'être joli, est absolument délicieux.

Ravioli à la viande

25 douzaines
(8 à 10 personnes)

1	RECETTE DE PÂTE FRAÎCHE	1

Farce

1	POULET DE 3 À 4 LB (1,5 À 2 KG)	1
	OU	
3 tasses	VEAU HACHÉ	750 ml
1/4 tasse	PERSIL HACHÉ FINEMENT	60 ml
1/2 tasse	ÉPINARDS CUITS, PRESSÉS ET HACHÉS	125 ml
1/2 tasse	ROMANO OU PARMESAN	125 ml
3	JAUNES D'ŒUFS BATTUS	3
1	ŒUF BATTU	1
	SEL ET POIVRE	

Si on utilise du poulet:
- Faire bouillir le poulet avec un oignon, du sel et du poivre.
- Désosser et hacher très finement.
  Si on utilise du veau:
- Faire revenir la viande dans un peu de beurre.
- Mélanger alors avec la viande de votre choix tous les autres ingrédients.
- Goûter et rectifier l'assaisonnement à votre convenance.
- Prendre un morceau de pâte fraîche de la grosseur du poing.
- Étendre à la machine ou au rouleau à pâtisserie.
- La pâte doit être très mince et avoir environ 1/16 po (1 mm) d'épaisseur.

- Couper une bande de la grandeur du moule à ravioli.
- Étendre cette bande sur le moule.
- Remplir les cavités de farce.
- Mouiller avec de l'eau les espaces verticaux et horizontaux entre les petits morceaux de viande.
- Étaler soigneusement une deuxième bande de pâte roulée sur cette première préparation.
- Presser avec le petit rouleau à pâtisserie.
- Couper les carrés ainsi obtenus avec un couteau à pâtisserie.
- Laisser sécher environ 3 heures.
- Faire bouillir une grande quantité d'eau avec du sel et un peu d'huile.
- Verser les ravioli en pluie.
- Laisser reprendre l'ébullition.
- Vérifier la cuisson en veillant à ce que les ravioli soient *al dente*.
- Servir avec une sauce tomate maison et beaucoup de fromage frais râpé.

*S*i vous n'avez pas notre patience ou si vous êtes seul pour cuisiner, vous pouvez confectionner de gros ravioli. Comptez alors de 4 à 8 ravioli par personne.

Sauce aux tomates fraîches rapido presto   *(4 personnes)*

1 lb	TOMATES FRAÎCHES	500 g
1/3 tasse	HUILE D'OLIVE	80 m
1	OIGNON MOYEN	1
1	GOUSSE D'AIL	1
1/2 c. à thé	ORIGAN	2 m
1	FEUILLE DE LAURIER	1
	BASILIC FRAIS HACHÉ	
	SEL ET POIVRE	

- Laver les tomates, enlever le cœur et les couper en quartiers.
- Dans une grande casserole, chauffer l'huile et y faire revenir l'oignon et l'ail.
- Lorsque l'oignon est transparent, ajouter les tomates.
- Amener à ébullition, baisser le feu et laisser mijoter à petits bouillons pendant 30 minutes.
- Passer les tomates au mélangeur électrique.
- Ajouter les assaisonnements.
- Servir avec des pâtes.

Si vous tenez absolument à la sauce aux tomates fraîches, vous pouvez faire cette sauce en plus grande quantité et la laisser cuire plus longtemps.

Et si vous êtes vraiment très pressé, ne pelez pas les tomates, puisque leur peau sera broyée par le mélangeur.

Sauce tomate

48 oz	1 BOÎTE DE JUS DE TOMATE	1,4 litre
56 oz	2 BOÎTES DE TOMATES BROYÉES	1,6 litre
	OU DE TOMATES NON ÉGOUTTÉES	
11 oz	2 BOÎTES DE PÂTE DE TOMATE	312 ml
1	GOUSSE D'AIL ÉMINCÉE	1
1	OIGNON HACHÉ FINEMENT	1
2 c. à thé	PERSIL	10 ml
1/2 c. à thé	ORIGAN	2 ml
2 c. à thé	BASILIC OU PESTO	10 ml
1	FEUILLE DE LAURIER	1
1	CAROTTE PELÉE	1
1 c. à table	FEUILLES DE CÉLERI	15 ml
	SEL ET POIVRE FRAIS MOULU	

- Faire revenir l'oignon dans 2 c. à table (30 ml) d'huile.
- Si on utilise les tomates rondes, les passer au mélangeur électrique.
- Si on choisit des tomates broyées, vérifier si elles contiennent déjà de la pâte de tomate.
- Mettre tous les ingrédients dans une grande casserole.
- Amener à ébullition et baisser à feu moyen-faible.
- C'est à ce moment-ci qu'il faut ajouter les viandes.
- La sauce doit mijoter à très petits bouillons sinon elle collera.
- Cuire pendant au moins 2 heures.

Le secret d'une sauce réussie est en effet une cuisson longue et douce.
Ne pas oublier de retirer la carotte, qui remplace le sucre pour adoucir la sauce.

Grand-maman Biondi utilisait souvent plusieurs viandes, revenues dans l'huile, pour enrichir la sauce. Par exemple: 1/2 lb (250 g) de petites côtes levées et 1/2 lb (250 g) de bœuf à braiser en cubes. Elle employait également les braciole et les boulettes (polpette) et même des morceaux de saucisse italienne ou de pepperoni. Elle n'a jamais préparé la sauce à base de viande hachée que l'on sert habituellement de nos jours.

Le dimanche matin, la maison sentait bon la sauce tomate. Tôt levée, grand-maman Biondi préparait la table et attendait la famille. Les plats s'alignaient sur le buffet de la salle à manger, pièce principale de la maison. Légumes marinés, poivrons farcis, saucissons, viandes séchées... de quoi soutenir un siège, ou plutôt l'assaut d'une famille qui prend un vif plaisir à se retrouver autour de la table. Encore aujourd'hui la seule odeur de la sauce tomate nous réchauffe et nous réconforte même et surtout les jours de déprime et de tristesse.

Ces polpette sont en partie res-ponsables de la réputation de bonnes cuisinières de nos grand-mères. Tous ceux et celles qui les ont goûtées s'en souviennent toujours avec émotion.

Polpette

(10 boulettes)

1 lb	VIANDE HACHÉE (VEAU, PORC)	500 g
1 tasse	CHAPELURE	250 ml
1 tasse	ROMANO	250 ml
1	GOUSSE D'AIL	1
5	ŒUFS BATTUS	5
1/4 tasse	PERSIL FRAIS	60 ml

- Bien mêler les ingrédients.
- Façonner en boulettes d'environ 1 1/2 po (4 cm) de diamètre.
- Faire revenir un oignon dans l'huile d'olive.
- Faire brunir les boulettes dans le même poêlon et les ajouter à la sauce tomate qui commence à bouillir.

On peut employer du porc seul, du veau seul ou de la chair à saucisse italienne. D'autre part, nous n'utilisons pas de bœuf pour faire les polpette.
Vous pouvez doubler ou tripler cette recette.
Les polpette doivent sans doute leur particularité au choix de la viande qui leur confère un goût fin et une texture tendre.

auce à la viande des cousines

3 oz	1 BOÎTE DE JUS DE TOMATE	1,4 litre
5 oz	2 BOÎTES DE TOMATES BROYÉES	1,6 litre
	FEUILLE DE LAURIER	1
4 tasse	PERSIL FRAIS HACHÉ	60 ml
c. à table	PESTO	15 ml
	CAROTTE ENTIÈRE PELÉE	1
c. à table	FEUILLES DE CÉLERI HACHÉES	15 ml
c. à thé	PÂTE DE PIMENT	5 ml
c. à table	HUILE D'OLIVE	30 ml
	OIGNON MOYEN	1
lb	VEAU OU PORC HACHÉ	500 g
	GOUSSE D'AIL HACHÉE	1
	ŒUFS BATTUS	5
2 tasse	CHAPELURE	125 ml
2 tasse	PARMESAN	125 ml

Mettre le jus de tomate et les tomates broyées dans un chaudron assez haut.
Ajouter la feuille de laurier, le persil, le pesto, les feuilles de céleri, la pâte de piment, le sel et le poivre.
Mettre la carotte entière pour réduire l'acidité de la tomate.
Amener à ébullition.
Pendant ce temps, faire blondir l'oignon dans un peu d'huile et l'ajouter à la sauce.
Mêler ensemble la viande, l'ail, la chapelure, le fromage, les œufs, le persil et le poivre.
Faire revenir la viande en la défaisant dans le poêlon qui a servi à blondir les oignons.
Quand la viande a perdu sa couleur rosée, l'ajouter à la sauce.
Laisser mijoter à feu doux de 2 à 3 heures.

Vous pouvez faire cette sauce avec de la chair à saucisse italienne seule ou ajoutée à la viande que vous aurez choisie.
Si vous le souhaitez, supprimez les œufs.
N'oubliez pas de retirer la carotte quand la cuisson est terminée.

Sauce aux calmars
(8 personnes

48 oz	1 BOÎTE DE JUS DE TOMATE	1,4 lit
56 oz	2 BOÎTES DE TOMATES BROYÉES	1,6 lit
3	GOUSSES D'AIL ÉMINCÉES	
1	OIGNON MOYEN HACHÉ	
1	POIVRON HACHÉ	
1/4 tasse	OLIVES VERTES DÉNOYAUTÉES, HACHÉES	60 r
1 c. à table	PÂTE DE PIMENT	15 r
1 c. à table	PERSIL FRAIS HACHÉ	15 r
1	FEUILLE DE LAURIER	
1 c. à table	FEUILLES DE CÉLERI HACHÉES	15 r
	ORIGAN ET SAUGE AU GOÛT	
	SEL ET POIVRE	
1 lb	CALMARS LAVÉS, NETTOYÉS ET COUPÉS EN ANNEAUX	500

- Dans une grande casserole, verser le jus de tomate les tomates broyées.
- Faire revenir dans un peu d'huile l'oignon, l'ail et le poivron.
- Mettre dans la casserole avec tous les autres ingré-dients.
- Amener à ébullition, baisser le feu et laisser mijoter pendant 2 heures.
- Pendant ce temps, faire bouillir les calmars avec un c tron coupé pendant 30 minutes.
- Ajouter les calmars et finir la cuisson.
- Quand les calmars sont tendres, servir sur des pâte chaudes.
- Offrir comme d'habitude un bol de parmesan.

Risotto   *(4 personnes)*

tasse	RIZ ITALIEN ROND	250 ml
tasses	BOUILLON DE POULET	1 litre
	OIGNON HACHÉ	1
/2 tasse	VIN BLANC SEC	125 ml
/4 tasse	PARMESAN RÂPÉ	60 ml
	FACULTATIF: QUELQUES PINCÉES	
	DE SAFRAN ET DE LA MOELLE DE BŒUF	

- Faire revenir l'oignon dans 1 c. à table (15 ml) de beurre.
- Ajouter un peu de beurre si nécessaire et le riz.
- Bien enrober le riz.
- Si on aime la moelle, l'ajouter à ce moment.
- Verser le vin et attendre qu'il soit absorbé.
- Verser alors le bouillon par petites quantités à la fois.
- Ajouter le safran, s'il y a lieu, à une portion du bouillon. Le riz doit absorber tout le liquide et rester un peu ferme.
- Quand la cuisson est terminée, incorporer le parmesan et 1 ou 2 cuillerées de beurre, au goût.
- Servir chaud.

Le risotto peut être fait avec du riz ordinaire à grains longs. Cependant il est bien meilleur avec le riz italien dont les grains sont plus courts et qui garde une consistance beaucoup plus crémeuse.

Jeanette:

Papa aime le riz autant qu'un Chinois. D'ailleurs le riz fait partie des habitudes alimentaires des Italiens qui l'aiment apprêté de toutes les façons. Comme plat principal ou comme accompagnement, il fait partie de nos menus aussi souvent que les pâtes.

Risotto aux tomates (4 personnes

1 tasse	RIZ	250 m
2	OIGNONS	
1	GOUSSE D'AIL	
4	GROSSES TOMATES PELÉES ET ÉPÉPINÉES COUPÉES EN MORCEAUX	
4 c. à table	PARMESAN RÂPÉ	60 m
	THYM	
	ORIGAN	
	SEL ET POIVRE	
	ROMARIN	

- Fondre l'oignon et l'ail dans un peu d'huile d'olive.
- Ajouter le riz et les herbes de même que les tomates.
- Verser 2 tasses (500 ml) d'eau chaude sur le riz.
- Couvrir et cuire comme un riz ordinaire.
- Servir chaud en présentant le fromage à part.

Chapitre 5

Pizza, Pane e Musica

Oui, c'est vrai, les Italiens aiment la musique et chanter ou jouer d'un instrument leur est quasi aussi naturel que respirer.

Nous ne faisons pas exception, la musique tenait une grande place dans la vie de nos grands-parents. Bien que leurs moyens fussent modestes, nos grands-pères se sont empressés d'acheter le gramophone et les rouleaux, puis le tourne-disques et les disques qui leur assuraient des heures de pur bonheur. Chansonnettes italiennes qui font monter les larmes aux yeux ou collection de musique classique et d'opéra, leurs choix étaient éclectiques. Il ne faut donc pas s'étonner si leurs enfants montrèrent des dons évidents pour le bel canto et les instruments de musique. Ferdinand Biondi, l'annonceur, fut d'abord chanteur dans les cinémas. Son cousin, Ferdinand lui aussi, consacra sa vie à l'amour de la musique. C'est sou par sou que fut économisé l'argent qui lui permit de devenir clarinettiste.

Un dîner de famille ne se déroulait pas sans musique et sans pizza!

Ah! la pizza. Cette pâte à pain ensoleillée de tomates et d'huile fut presque à l'origine de la popularité de la cuisine italienne en Amérique. Qui ne la connaît pas? Qui ne l'aime pas?

Vous constaterez vite que la pizza familiale ne ressemble pas beaucoup à la pizza mince, croustillante et toute garnie qu'on trouve d'un bout à l'autre de l'Amérique du Nord. Vous serez peut-être étonné également par nos calzone.

Nous souhaitons vivement que vous fêtiez Pâques à notre manière au moins une fois, offrant à ceux que vous aimez le pain tressé en couronne d'épines et la gigantesque omelette.

Nous avons inclus dans ce chapitre les fromages, éléments essentiels de notre cuisine et dessert quotidien, avec les fruits.

Pizza, Pane e Musica

Pâte à pizza

(8 pizze)

tasses	FARINE TOUT USAGE	2 litres
c. à thé	SEL	10 ml
	ŒUF	1
enveloppes	LEVURE SÈCHE	24 g
tasses	EAU	750 ml

- Dissoudre la levure dans l'eau tiède et laisser reposer quelques minutes ou utiliser de la levure rapide en suivant les instructions sur le sachet.
- Ajouter l'œuf et le sel et battre jusqu'à l'obtention d'un mélange mousseux.
- Ajouter 7 tasses (1,75 litre) de farine et mélanger jusqu'à l'absorption du liquide.
- Ajouter le reste de la farine, petit à petit, en pétrissant avec les mains jusqu'à ce que la pâte devienne lisse, homogène et ne colle pas au bol.
- Placer la pâte dans un grand bol huilé et couvrir d'un linge.
- Mettre dans un endroit chaud à l'abri des courants d'air.
- Après 1 ou 1 1/2 heure, la pâte devra avoir doublé de volume.
- Chauffer le four à 450 °F/230 °C.
- Diviser la pâte en 8 boules.
- Rouler la pâte ou l'étirer avec les mains pour couvrir la plaque huilée en relevant les bords pour éviter que la garniture renverse.
- Garnir de sauce et de 2 c. à table (30 ml) d'huile d'olive.
- Mettre au four, sur la grille inférieure, de 15 à 20 minutes.
- Retirer du four quand la croûte est légèrement brunie.

On peut utiliser une plaque à biscuits rectangulaire ou une plaque spéciale entièrement couverte de petits trous, ce qui donnera une pizza plus croustillante.
Puisque cette recette donne 8 pizzas, nous vous conseillons de congeler le reste de la pâte pour un usage ultérieur.

Nous avons l'habitude de ne mettre que des tomates sur la pizza maison ou encore de faire la recette de pizza blanche que vous trouverez à la page suivante.

Vous pouvez bien entendu laisser courir votre imagination, mais pour nous, la vraie pizza, c'est celle-là.

Sauce tomate pour pizza *(4 pizze)*

28 oz	1 BOÎTE DE TOMATES BROYÉES	796 m
10 c. à table	HUILE D'OLIVE	150 m
1 c. à thé	ORIGAN	5 m
8 c. à table	ROMANO OU PARMESAN	120 m
1	GOUSSE D'AIL ÉMINCÉE	
	SEL ET POIVRE	

- Mettre les tomates dans un bol, ajouter 1 c. à table (15 ml) d'huile d'olive, l'origan, l'ail, le sel et le poivre.
- Bien mélanger.
- Étendre le mélange de tomates sur les pizze.
- Saler, poivrer et ajouter sur chaque pizza 2 c. à table (30 ml) d'huile en filet et saupoudrer de 2 c. à table (30 ml) de fromage.
- Cuire 20 minutes à 450 °F/230 °C et servir.

Pizza blanche   (1 pizza)

c. à table	HUILE D'OLIVE	45 ml
	GOUSSES D'AIL BROYÉES	4
c. à table	ORIGAN	30 ml
	SEL ET POIVRE	

Étendre la pâte.
Insérer l'ail dans la pâte (pour l'empêcher de brûler).
Saupoudrer d'origan, saler, poivrer et arroser d'huile.
Cuire 20 minutes à 450 °F/230 °C et servir.

Variante

Vous pouvez ajouter du thym et du romarin.
Nous donnons la quantité approximative d'origan, car
vous choisirez parmi les herbes celle qui vous plaît le
mieux.

Pizza aux oignons   *(1 pizza*

2 tasses	OIGNONS TRANCHÉS FINEMENT	500 n
4 c. à table	HUILE D'OLIVE	60 n
	SEL ET POIVRE	

- Faire chauffer 2 c. à table (30 ml) d'huile et faire revenir les oignons jusqu'à ce qu'ils soient transparents.
- Saler et poivrer.
- Étendre sur la pâte.
- Verser en filet 2 c. à table (30 ml) d'huile.
- Cuire 20 minutes à 450 °F/230 °C et servir.

Vous pouvez, selon le goût, disposer des file
d'anchois et des olives noires.
Votre pizza ressemblera alors à la pissaladière pro
vençale.
Vous êtes pressé? La pâte à pain congelée saura vou
dépanner.

Pizze rissolées

4 tasses	FARINE	1 litre
1	SACHET DE LEVURE SÈCHE (8 g)	1
1	ŒUF BATTU	1
2 tasses	EAU TIÈDE	500 ml
1 c. à thé	SEL	5 ml

- Saupoudrer la levure sur 1/2 tasse (125 ml) d'eau tiède et laisser gonfler.
- Ajouter le sel.
- Mettre la farine sur une plaque.
- Creuser en fontaine.
- Verser au centre la levure et l'œuf.
- Travailler du bout des doigts en ajoutant de temps en temps un peu d'eau tiède.
- Pétrir la pâte qui doit être homogène et molle.
- Former une boule et mettre dans un bol légèrement huilé.
- Laisser reposer au moins 1 1/2 heure.
- Prélever un morceau de pâte de la grandeur de la main, l'aplatir pour en faire un disque d'environ 3 po (8 cm) de diamètre.
- Chauffer l'huile dans un poêlon.
- Faire revenir tous les disques des deux côtés jusqu'à ce qu'ils soient dorés.
- Saupoudrer de sucre fin et servir.

Ces petites pizze sont absolument délicieuses pour le petit déjeuner. On peut les servir pour la collation ou le brunch, avec du café très fort.

La pizza, c'est bien connu, est originaire de Naples. Les Napolitains sont quant à eux responsables de la popularité de la cuisine italienne dans le monde. En effet, la région napolitaine et la campagne environnante étant assez pauvres, les habitants de cette province furent forcés de quitter le pays pour gagner leur vie.

Arrivés en Amérique, la nostalgie les pousse à recréer les plaisirs de leur table et à les partager avec leurs nouveaux concitoyens.

Notre famille, dont le berceau est à Alife dans la province de Caserta, prétend donc aux origines napolitaines et à sa cuisine!

Nous avons même réussi à les rendre québécois en les arrosant de sirop d'érable.

Crespelle (beignets)   *(4 douzaines)*

1 c. à table	SUCRE	15 m
3 sachets	LEVURE SÈCHE	24 g
4 tasses	EAU	1 litre
8 tasses	FARINE TOUT USAGE	2 litres
4 c. à thé	SEL	20 m
4 c. à table	HUILE VÉGÉTALE	60 m
1	ŒUF	1

- Dans un grand bol, dissoudre le sucre dans une tasse d'eau tiède.
- Saupoudrer la levure sur l'eau et laisser reposer quelques minutes ou jusqu'à ce que le mélange soit mousseux.
- Ajouter l'œuf, le sel et l'huile et bien battre.
- Verser ce mélange dans la farine et bien mélanger.
- Ajouter graduellement les 3 tasses (750 ml) d'eau restantes au premier mélange tout en pétrissant. La pâte aura une consistance molle et collante. (On peut utiliser le robot culinaire pour mélanger et pétrir la pâte.)
- Couvrir la pâte à l'abri des courants d'air et laisser reposer 30 minutes.
- Pétrir de nouveau la pâte à même le bol et laisser reposer de 40 à 60 minutes.
- Faire chauffer l'huile à feu moyen-fort.
- Lorsque l'huile est suffisamment chaude, se huiler les mains et prendre 2 c. à table (30 ml) de pâte pour former un beignet. Faire un trou au centre et déposer dans l'huile, 4 à la fois.
- Cuire environ 5 minutes, en les tournant, jusqu'à ce que les crespelle soient légèrement dorés.
- Égoutter sur un papier absorbant.
- Lorsqu'ils seront refroidis, saupoudrer de sucre en poudre.

Fritelle agli spinachi *(4 à 6 personnes)*

lb	PÂTE À PAIN OU À PIZZA	500 g
lb	ÉPINARDS	500 g
	GOUSSES D'AIL HACHÉES FINEMENT	2
3/4 oz	PIGNONS	50 g
c. à table	HUILE D'OLIVE	15 ml
	SEL ET POIVRE	
	MUSCADE	
	PÂTE DE PIMENT	
	FRITURE	

Préparer une recette de pâte à pizza ou acheter de la pâte à pain fraîche ou congelée.
Pendant que la pâte lève, préparer la farce comme suit.
Laver les épinards, éponger, enlever les grosses côtes et couper grossièrement.
Fondre les épinards et l'ail dans l'huile chaude.
Ajouter les pignons.
Remuer pour que les épinards ne collent pas.
Retirer du feu, saler, poivrer et muscader.
Ajouter une petite pointe de pâte de piment si on le désire.
Laisser en attente.
Étendre alors la pâte à pain au rouleau à pâtisserie.
Découper à l'aide d'un verre.
Poser un peu de farce au centre de chaque disque.
Mouiller les bords de la pâte avec de l'eau et fermer les chaussons.
Former les chaussons en boule.
Jeter les boules dans la friteuse, 2 ou 3 à la fois selon la capacité du bassin, et faire dorer.
Servir chaud.

*Ces beignets sont délicieux froids ou chauds et peuvent être servis à l'heure de l'apéro ou en antipasto.
On peut utiliser des rapini pour faire la farce.*

Tarte aux épinards (6 à 8 personnes)

2 paquets	PÂTE FEUILLETÉE CONGELÉE	2 paque
10 tranches	JAMBON CUIT	10 tranche
1 1/2 lb	ÉPINARDS	700
1	GOUSSE D'AIL	
15 oz	RICOTTA	450
1	ŒUF	
	SEL ET POIVRE	
	MUSCADE	

- Décongeler la pâte feuilletée.
- Cuire les épinards bien lavés dans un peu d'huile.
- Ajouter l'ail haché en fin de cuisson.
- Étendre la pâte sur une plaque farinée.
- Mettre les tranches de jambon sur la pâte en les faisant se chevaucher.
- Couvrir le jambon avec le fromage ricotta.
- Saler, poivrer et muscader.
- Faire de petits creux dans la ricotta.
- Déposer des épinards dans chaque petit creux.
- Recouvrir le tout avec les tranches de jambon qui restent.
- Poser la pâte feuilletée par-dessus et coller les bords avec l'œuf.
- Cuire à 450 °F/230 °C environ 30 minutes puis baisser le feu à 350 °F/180 °C et laisser cuire 30 minutes de plus.
- Servir chaud ou froid.

Variante

Déposer un œuf cru dans chaque petit creux en pre
nant soin de ne pas briser le jaune.
Parsemez l'œuf de parmesan frais râpé.

Tarte au jambon   *(6 à 8 personnes)*

2 paquets	PÂTE FEUILLETÉE CONGELÉE	2 paquets
14 oz	JAMBON CUIT	400 g
14 oz	FROMAGE BEL PAESE ET ASIAGO	400 g
1	ŒUF	1

- Dégeler la pâte et fariner une plaque à biscuits ou un plat à lasagne.
- Étendre la pâte.
- Poser sur la pâte une couche de jambon et une couche de fromage.
- Continuer jusqu'à épuisement des ingrédients.
- Mouiller avec l'œuf le pourtour de la pâte.
- Poser la portion de pâte feuilletée restante par-dessus.
- Faire bien adhérer en utilisant une fourchette.
- Faire quelques entailles sur le dessus.
- Enfourner à 450 °F/230 °C et baisser le feu à 350 °F/180 °C après 30 minutes.
- Surveiller pour que la tarte ne brûle pas.

Cette tarte, idéale pour un dîner à l'extérieur, est aussi délicieuse froide. On peut l'accompagner d'une salade de courgettes avec vinaigrette à la moutarde.

Attention: ces calzone ne sont pas du tout comme ceux que vous avez peut-être déjà mangés dans certains restaurants italiens. Nos calzone ressemblent plutôt à des pains farcis.
La traduction littérale de calzone est «culottes». Devinez pourquoi!

Calzone

(6 calzone)

3	ŒUFS BATTUS	3
2 sachets	LEVURE RAPIDE	16 g
5 à 6 tasses	FARINE	1,25 à 1,5 litre
1 tasse	LAIT TIÈDE	250 ml
1 c. à table	BEURRE RAMOLLI	15 ml
1 c. à thé	SUCRE	5 ml
3 c. à table	SEL	45 ml

- Mélanger la farine, la levure, le sel et le sucre.
- Incorporer le beurre aux ingrédients secs.
- Ajouter le lait et les œufs battus.
- Sur une planche farinée, pétrir vigoureusement cette pâte pendant 15 minutes environ.
- Former en boule et mettre dans une terrine.
- Couvrir d'un linge humide et laisser doubler de volume (environ 1 1/2 heure).
- Pétrir de nouveau, couvrir et laisser reposer pendant 20 minutes.
- Diviser la pâte en 6 portions égales.
- Étendre chaque portion en lui donnant une forme ronde.
- Mettre 1/6 de la farce au centre de chacun des cercles (voir recettes de farces aux pages 121 et 122).
- Replier pour faire un chausson en forme de demi-lune.
- Souder les bords de la pâte avec un peu d'œuf battu.
- Faire quelques incisions sur chaque chausson afin de laisser s'échapper la vapeur.
- Laisser reposer de 15 à 20 minutes.
- Badigeonner d'œuf battu avant d'enfourner à 350 °F/ 180 °C.
- Cuire 45 minutes.

Farce au fromage pour les calzone

6	ŒUFS	6
6 tasses	ROMANO	1,5 litre
2 tasses	JAMBON CUIT	500 ml
1/4 tasse	PERSIL FRAIS HACHÉ	60 ml
	POIVRE	

- Bien mêler les ingrédients secs.
- Battre légèrement les œufs.
- Poivrer.
- Ajouter les œufs aux ingrédients secs.
- Mélanger pour faire une pâte assez granuleuse.
- Mettre sur la pâte préparée en ne tassant pas trop.

Ils se conservent très bien au congélateur et sont bons chauds ou froids. On les sert tranchés pour un buffet, comme amuse-gueule, ou comme pain pour accompagner une salade.

Farce à la scarole pour les calzone

(*3 calzone*)

1/2	RECETTE DE PÂTE À CALZONE (PAGE 120)	1/2
3	SCAROLES OU 3 SACS D'ÉPINARDS	3
1 3/4 oz	1 BOÎTE DE FILETS D'ANCHOIS EN PETITS MORCEAUX	50 g
3 c. à table	PIGNONS	45 ml
1 c. à table	PETITES CÂPRES	15 ml
2 c. à table	OLIVES NOIRES DÉNOYAUTÉES ET COUPÉES	30 ml
1	ŒUF BATTU	1
1	GOUSSE D'AIL	1
1/2 tasse	ROMANO	125 ml
	HUILE D'OLIVE	

- Cuire la scarole ou les épinards dans très peu d'eau.
- Égoutter et sécher le plus possible.
- Hacher très finement et sécher de nouveau.
- Chauffer une bonne cuillerée à table (15 ml) d'huile.
- Faire revenir l'ail, puis la scarole ou les épinards; l'eau qu'ils contiennent doit être complètement évaporée.
- Ajouter tous les autres ingrédients et bien mélanger.
- Séparer en trois portions égales et, pour terminer, suivre le mode d'emploi de la recette de calzone (page 120).

Variante

Les épinards ou la scarole peuvent être remplacés par des rapini. Ce légume typiquement italien est plus difficile à trouver. Voici comment le reconnaître: des feuilles vertes allongées, garnies de petits bouquets qui ressemblent aux bouquets de brocoli. Son goût est légèrement amer. On le mange cuit, assaisonné d'un peu de citron et d'huile.

Omelette de Pâques

(4 à 6 personnes)

1 lb	ASPERGES	500 g
3/4 tasse	JAMBON CUIT	175 ml
8	ŒUFS	8
3/4 tasse	PARMESAN RÂPÉ	175 ml
2 c. à table	LAIT	30 ml
1	OIGNON ÉMINCÉ	1
1 c. à table	BEURRE	15 ml
	SEL ET POIVRE	

- Laver les asperges et couper les pointes.
- Couper et jeter la partie dure de la tige.
- Peler la partie plus tendre des tiges et les couper en bâtonnets de 1 po (2,5 cm).
- Cuire les asperges dans une marguerite jusqu'à ce qu'elles soient tendres, environ 5 à 10 minutes, et réserver.
- Couper le jambon en dés et réserver.
- Battre les œufs avec le fromage et le lait.
- Saler et poivrer.
- Chauffer le beurre et faire revenir l'oignon jusqu'à ce qu'il soit transparent.
- Ajouter le mélange d'œufs et de fromage.
- Lorsque l'œuf commence à prendre légèrement, ajouter le jambon.
- Disposer les pointes d'asperge en rayons de soleil.
- Laisser cuire 5 minutes.
- Passer rapidement sous le gril pour cuire le dessus.

Cette omelette peut également être servie froide.
Pour bien réussir l'omelette, le beurre doit être de couleur noisette, mais il ne doit pas noircir!
Si vous choisissez l'huile, elle doit être fumante.
Dès que la matière grasse est prête, jetez l'œuf dans le poêlon à chaleur vive pour qu'il coagule rapidement, puis retournez l'omelette; l'intérieur restera moelleux.
Idéalement, vous réserverez une poêle exclusivement pour vos omelettes et il est préférable de ne pas la laver, mais de l'essuyer soigneusement avec un linge.

Cette omelette, que toute la famille confectionne avec gourmandise, est une spécialité de la sœur cadette de nos grand-mères, tante Teresine.

Grand-mère Ernestina ne confectionnait que des tresses de Pâques. Grand-mère Rafaella, elle, tenait beaucoup à ce que le pain de Pâques ressemble à une couronne d'épines. Pour ce faire elle taillait la couronne à l'aide de ciseaux. Mais l'une et l'autre respectaient la tradition et offraient à chaque membre de la famille son pain de Pâques décoré d'un œuf.

Couronne de Pâques de Rafaella

(1 couronne et 4 petites tresses)

3	ŒUFS BATTUS	3
2 enveloppes	LEVURE RAPIDE	16 g
4 à 5 tasses	FARINE	1 à 1,25 litre
1 c. à table	SEL	15 ml
1 tasse	LAIT TIÈDE	250 ml
1 c. à table	BEURRE MOU	15 ml
1/4 tasse	SUCRE	60 ml
7	ŒUFS ENTIERS LAVÉS	7
1/4 tasse	CITRON CONFIT	60 ml
	PINCÉE DE GRAINS DE FENOUIL	
	POIGNÉE DE PIGNONS	

- Mélanger ensemble la farine, le sel, la levure et le sucre.
- Incorporer le beurre à ce mélange.
- Ajouter le lait et les œufs battus.
- Sur une planche farinée, pétrir vigoureusement cette pâte pendant environ 15 minutes.
- Ajouter les fruits confits, les grains de fenouil et les pignons en les répartissant dans la pâte.
- Former une boule et la déposer dans une terrine.
- Couvrir d'un linge humide et laisser doubler de volume. La pâte reposera ainsi pendant environ 1 1/2 heure.
- Pétrir de nouveau, couvrir et laisser reposer encore 20 minutes.
- Diviser la pâte en 5 portions, 1 grosse et 4 petites.
- Laisser reposer encore 30 minutes.
- Diviser la grosse portion en 3 grandes parts et en 6 petites.

- Rouler ces parts pour façonner 3 longues baguettes et les tresser.
- Réunir les extrémités en formant une couronne (cercle).
- Placer, en les manipulant délicatement, 3 œufs crus dans leur coquille, à égale distance sur la couronne. Les œufs doivent être solidement insérés dans la pâte.
- Rouler les 6 petites parts et placer les petites baguettes ainsi obtenues en croix sur chacun des œufs.
- Badigeonner la couronne avec de l'œuf battu allongé d'un peu d'eau.
- Avec les parts qui restent, former 4 petites nattes.
- À l'extrémité de chacune des nattes, placer un œuf cru en coquille retenu, comme précédemment, par une croix de pâte.
- Cuire au four à 350 °F/180 °C de 30 à 35 minutes.
- Décorer d'une glace liquide à base de sucre et de lait.

Il est très important de ne pas utiliser de fruits rouges, cette couleur laissant toujours sa trace dans la pâte.

Fromages

Il est de plus en plus facile de trouver des fromages italiens, soit importés, soit fabriqués au Canada ou au Québec. Les goûts, en ce qui concerne les fromages, ne sont pas à discuter et nous vous suggérons ici quelques noms que vous pouvez essayer si vous ne les connaissez pas déjà. Vous remarquerez sans doute que dans ce livre nous utilisons souvent, et presque indifféremment, le parmesan ou le romano. Vous pouvez également substituer, à ces deux fromages, le pecorino. À vous de décider ce qui convient le mieux à votre palais et à votre bourse.

Il nous apparaît par contre important de toujours acheter le fromage non râpé et de ne râper que la quantité requise.

Quand cela est possible, nous préférons les fromages importés d'Italie. Nous devons cependant reconnaître que les producteurs québécois fabriquent depuis quelques années des fromages d'excellente qualité, dont certains rivalisent avec bonheur avec les produits d'origine.

Voici donc une brève description des fromages plus facilement disponibles.

Asiago: Deux sortes d'Asiago s'offrent à nous, l'un étant plus dur que l'autre. Les deux présentent de petits trous et peuvent être râpés ou mangés à table. Leur goût diffère légèrement. Le plus dur, vieilli plus longtemps, offre un goût plus piquant.

Bel Paese: Originaire d'une des plus jolies régions d'Italie, voilà sans doute pourquoi on l'appelle «beau pays». Ce fromage est plutôt crémeux. On peut le servir à table avec un fromage plus corsé. Il fond très bien et remplace facilement la mozzarella.

Bocconcini: Signifie «petits morceaux» en français. Il s'agit de petits fromages ayant la forme d'un œuf et dont vous trouverez une description plus détaillée au chapitre des antipasti.

Caciocavallo: De la même famille que le provolone, c'est un fromage assez doux qu'on trouve parfois fumé, ce qui lui ajoute de l'intérêt. Son nom signifie «à cheval» car on le vend habituellement par deux, ficelés l'un à l'autre. On peut supposer qu'il était ainsi plus facile à transporter.

Fontina: Voilà un fromage très apprécié des connaisseurs qui aiment son léger goût de noix et sa texture assez crémeuse. Il est très bon fondu.

Gorgonzola: Les amateurs de bleu le connaissent sans doute déjà bien. Il est célèbre partout dans le monde et on le trouve facilement au comptoir des produits laitiers et chez les fromagers.

Mascarpone: Ce fromage frais était, il y a quelques années, fort difficile à trouver, mais il est désormais produit au Québec et on peut, selon la saison, trouver la variété produite en Italie. Il est fait de crème fraîche, son goût est très fin et on l'utilise surtout comme dessert avec des fruits et du sucre. On prépare avec ce fromage des crèmes que l'on sert avec des biscuits légers. Vous trouverez au chapitre des desserts deux recettes de ces merveilleuses crèmes.
«La torta di mascarpone» est en fait la réunion de deux fromages: le mascarpone et le gorgonzola. Ce délice peut être présenté comme dessert également, avec des poires par exemple. Dans ce cas, il est inutile d'offrir un autre fromage.

Mozzarella: Sans doute le plus connu de tous les fromages d'Italie, son goût et sa texture de même que ses utilisations nous sont des plus familiers.

Parmigiano: Aussi célèbre que la mozzarella, c'est le fromage râpé par excellence. On l'achètera en morceau pour pouvoir le râper au besoin. C'est un fromage dur, au goût caractéristique. Le parmesan qu'on achète en sachet, déjà râpé, ne ressemble évidemment en rien à l'authentique.

Pecorino: Tel que mentionné précédemment, le pecorino est excellent râpé. Un peu moins riche que le parmesan, c'est un excellent fromage de table.

Provolone: Vous entrez dans une fromagerie italienne et vous êtes frappé par la multitude de fromages suspendus à des crochets au plafond. Voilà le fameux provolone! Doux ou piquant, il constitue une excellente collation.

Ricotta: Beaucoup de nos recettes exigent le fromage ricotta, ce fromage frais, blanc et crémeux qu'on peut remplacer en cas d'extrême nécessité par le cottage. Il est bon, sucré ou salé, en trempette ou avec des fruits. Sa teneur en matières grasses est négligeable. Selon les Italiens, c'est le fromage ricotta qui, le premier, servit à confectionner les fameuses tartes au fromage, ancêtres des gâteaux au fromage désormais célèbres dans le monde entier.

Romano: Plus économique que le parmesan qu'il remplace avantageusement.

Chapitre 6

La Zuppa è pronta!

La Zuppa è pronta! C'est ainsi que depuis toujours le père de Jeanette annonce que le repas est prêt, marquant bien l'importance de la bonne soupe pour ouvrir l'appétit, ou mieux, pour le combler.

Des soupes italiennes, le minestrone et la stracciatella sont sans doute les plus connues. Mais elles ne sont pas les seules.

Les soupes, telles qu'on les prépare dans nos familles, sont variées, raffinées ou substantielles selon les occasions, mais elles ne ressemblent en rien aux potages à la française.

Aux légumes, aux haricots, aux pâtes, elles peuvent facilement tenir lieu de repas et l'imagination du chef est leur seule limite. À chacun ses recettes et ses secrets.

Vous trouverez dans ce chapitre des soupes consistantes et économiques qui se souviennent de leurs origines paysannes ainsi que des soupes plus légères et raffinées pour les jours de fête. Pour ces occasions, la soupe suit les antipasti et précède les pâtes qui seront servies avant les viandes et les légumes.

Jours pressés ou jours de fête, n'oubliez surtout pas la tradition qui veut qu'on place sur la table un grand bol de parmesan râpé pour permettre aux convives d'en saupoudrer la soupe à leur guise. Sans le parmesan, la soupe ne serait pas vraiment italienne!

La Zuppa è pronta!

Mini-pizza pour la soupe

(12 personnes)

Ne soyez pas étonné par cette recette. Il s'agit d'une sorte d'omelette séchée au four.

4 c. à table	FARINE	60 ml
1 tasse	ROMANO RÂPÉ	250 ml
2 c. à thé	POUDRE À PÂTE	10 ml
2 c. à thé	PERSIL	10 ml
1/2 lb	JAMBON HACHÉ FINEMENT	250 g
8	ŒUFS BATTUS	8
	SEL ET POIVRE AU GOÛT	

- Chauffer le four à 375 °F/190 °C.
- Bien mélanger la farine, la poudre à pâte et le fromage râpé.
- Ajouter le jambon haché, le persil et le poivre.
- Incorporer les œufs battus et bien mêler.
- Étendre la pâte sur une plaque à biscuits légèrement huilée et cuire 45 minutes.
- Couper en lanières de 1/4 po (5 mm) ou en petits carrés pendant que la pizza est encore chaude.
- Servir dans du bouillon de poulet clarifié et accompagné d'un bol de romano râpé.

Comme vous pouvez le constater, cette recette peut servir plusieurs convives. Toutefois, vous pouvez congeler la pizza coupée dans des petits sacs de plastique, dont l'air aura été enlevé. Bien sceller les sacs. Vous pouvez ainsi prendre uniquement la quantité dont vous avez besoin.

Claudia:

Cette soupe constitue un repas complet et nourrissant. Vous pouvez ajouter tous les légumes de votre choix: choux-fleurs, brocolis, asperges, etc., selon les saisons. L'hiver, grand-maman ajoutait des fèves blanches ou rouges afin de rendre ce plat encore plus costaud et complet.

Minestrone

(*4 personnes*)

9 tasses	BOUILLON DE BŒUF	2,25 litres
1	OIGNON HACHÉ	1
1	GOUSSE D'AIL HACHÉE	1
4	TOMATES EN CONSERVE ÉGOUTTÉES ET HACHÉES	4
2	BRANCHES DE CÉLERI HACHÉES	2
2	CAROTTES HACHÉES	2
2 tasses	ÉPINARDS CRUS HACHÉS	500 m
1 tasse	VIANDE CUITE EN DÉS	250 m
6 oz	PÂTES COUPÉES, CUITES ET ÉGOUTTÉES	180 g
1 c. à table	PESTO	15 m
	PARMESAN RÂPÉ	

- Amener le bouillon à ébullition.
- Ajouter tous les ingrédients sauf les pâtes.
- Lorsque les légumes sont cuits, ajouter les pâtes cuites et bien mélanger.
- Servir immédiatement avec du fromage parmesan râpé.

Bouillon de bœuf

2 lb	JARRET DE BŒUF	1 kg
12 tasses	EAU FROIDE	3 litres
1	BOUQUET DE PERSIL FRAIS HACHÉ	
1	BRANCHE DE CÉLERI AVEC FEUILLES, HACHÉE	
1	FEUILLE DE LAURIER	
2	CAROTTES HACHÉES	2
1	OIGNON MOYEN HACHÉ	
1	GOUSSE D'AIL	
	SEL ET POIVRE	

Mettre tous les ingrédients dans une marmite et amener à ébullition.
- Bien écumer, baisser le feu et laisser mijoter jusqu'à ce que la viande soit bien tendre.
- Passer le bouillon au tamis, jeter les légumes et les os.
- Retirer la viande et la conserver pour le minestrone.
- Faire refroidir au réfrigérateur et dégraisser.
- On peut utiliser ce bouillon tel quel en ajoutant des légumes, des pâtes et une tasse de jus de tomate.

Il suffit de jeter un ou deux blancs d'œufs dans le bouillon encore chaud. En coagulant, le blanc d'œuf recueille toutes les impuretés. Vous n'avez plus qu'à retirer l'œuf cuit du bouillon et le jeter.

Pasta e cecci

(4 personnes)

2 c. à table	HUILE D'OLIVE	30 m
1	OIGNON MOYEN HACHÉ	1
1	GOUSSE D'AIL	1
2	TRANCHES DE PANCETTA OU DE BACON COUPÉES EN MORCEAUX DE 1/4 PO (5 MM)	2
3/4 tasse	SAUCE TOMATE OU	175 m
5 1/2 oz	1 BOÎTE DE PURÉE DE TOMATE	156 m
2 tasses	BOUILLON DE VOLAILLE	500 ml
19 oz	1 BOÎTE DE POIS CHICHES	540 ml
6 oz	PÂTES TUBETTINI OU PÂTES COUPÉES CUITES PERSIL FRAIS HACHÉ ROMANO RÂPÉ	180 g

- Chauffer l'huile.
- Faire revenir l'oignon, l'ail et la pancetta quelques minutes.
- Ajouter la sauce tomate ou la pâte de tomate et le bouillon de volaille.
- Amener à ébullition.
- Ajouter les pois chiches avec l'eau de conserve, puis les pâtes.
- Laisser mijoter 5 minutes.
- Servir dans des bols et saupoudrer de persil frais et de fromage.

Plat idéal lorsque le temps presse, cette soupe se prépare en quelques minutes avec des ingrédients que nous avons toujours sous la main.

Les cecci sont les pois chiches qu'on peut servir en antipasto ou comme noix à grignoter. Il suffit de les assaisonner de pinzimonio (voir page 64).

Soupe aux choux   *(4 personnes)*

	CHOU	1
c. à table	PERSIL	45 ml
2 tasses	BOUILLON DE POULET	3 litres

Couper le chou en lanières assez fines et le faire blanchir.
- Jeter cette eau.
- Mettre le chou blanchi dans le bouillon chaud et laisser mijoter.
- Saler et poivrer.
- Servir très chaud avec des petits croûtons poudrés de parmesan.

Saviez-vous que des études récentes ont démontré que les légumes de la famille du chou protègent du cancer? Bien entendu nos grand-mères n'en savaient rien; pourtant elles proclamaient vaillamment que le chou, c'est bon pour la santé.

Cette soupe ressemble à celle faite dans bien des familles de souche québécoise. Et qui sait? Nos grand-mères ont peut-être appris cette recette grâce à la gentillesse d'une voisine qui trouvait que cette famille italienne mangeait vraiment trop de tomates...

Pasta e fagioli

(4 personnes)

1 tasse	HARICOTS ROUGES SECS OU EN CONSERVE	250 m
1/2 lb	PANCETTA COUPÉE EN MORCEAUX	250 g
1	GOUSSE D'AIL	1
1	OIGNON MOYEN	1
1	BRANCHE DE CÉLERI AVEC LES FEUILLES	1

- Couvrir les haricots avec de l'eau et les laisser tremper toute une nuit.
- Jeter l'eau de trempage.
- Couvrir de nouveau les haricots.
- Mettre la pancetta, l'oignon et le céleri avec les haricots.
- Cuire 1 1/2 heure ou jusqu'à ce que les haricots soient tendres.
- Quand les haricots sont tendres, retirer la pancetta et enlever le gras en ne gardant que la viande.
- Remettre les morceaux de viande avec les légumineuses et terminer la préparation comme suit:

2 c. à table	HUILE D'OLIVE	30 ml
1	OIGNON MOYEN HACHÉ	1
1	GOUSSE D'AIL	1
1 tasse	BOUILLON DE VOLAILLE	250 ml
2 c. à table	PURÉE DE TOMATE	30 ml
1 tasse	PETITES PÂTES CUITES	250 ml
2 c. à table	PERSIL HACHÉ	30 ml

- Chauffer l'huile.
- Faire revenir l'ail et l'oignon quelques minutes.
- Ajouter la pâte de tomate et laisser cuire 5 minutes.
- Ajouter le bouillon de poulet et mijoter 20 minutes.
- Mettre cette dernière préparation dans les haricots.
- Faire cuire 20 minutes de plus afin que tous les goûts se mêlent bien.
- Au bout de 15 minutes, ajouter les pâtes déjà cuites.
- Servir très chaud.

Encore une soupe-repas qui, accompagnée d'une salade de courgettes, de champignons et de tomates et
d'un dessert, permet de faire un dîner consistant en un
tournemain.

Pour varier, vous pouvez également y ajouter un peu
d'épinards, de scarole ou de rapini cuits.

Presque toutes les familles ont leur version de la soupe aux lentilles.

Nombreux sont ceux qui se font un devoir de l'offrir le premier de l'an, ce qui, selon la légende, assure de l'argent pour toute l'année.

C'est pourtant une soupe des plus économiques.

Il faut dire que la plupart des familles italiennes nouvellement installées n'étaient pas riches et avaient de nombreux enfants. Notre famille ne faisait pas exception à la règle. Bien manger restait une préoccupation constante et les repas familiaux prenaient vite l'aspect d'une fête. De plus, ceux qui ont connu nos grands-parents se souviennent encore que la table était toujours ouverte aux amis.

Soupe aux lentilles

1 tasse	LENTILLES SÈCHES	250 m
	OU	
2 tasses	LENTILLES EN CONSERVE	500 m
1	OIGNON	
2	CAROTTES MOYENNES	2
6 tasses	BOUILLON DE BŒUF	1,5 litre
1	FEUILLE DE LAURIER	

- Les lentilles sèches n'ont pas besoin de trempage. Il faut simplement les rincer, les mettre dans 2 tasses (500 ml) d'eau et les faire cuire 1 heure.
- Hacher l'oignon et les carottes.
- Mettre les lentilles cuites et rincées dans le bouillon.
- Ajouter les légumes et la feuille de laurier.
- Laisser mijoter environ 1 heure.

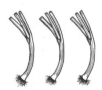

Si on fait cuire les lentilles soi-même, on peut conserver l'eau de cuisson pour enrichir le bouillon.

Soupe aux petites ✓
boulettes

(4 personnes)

Cette soupe très raffinée fait toujours partie des repas de fête.

Soupe

10 tasses	EAU FROIDE	2,5 litres
1	POITRINE DE POULET	1
2	BRANCHES DE CÉLERI AVEC FEUILLES	2
3	CAROTTES HACHÉES	3
1	OIGNON HACHÉ	1
1	GOUSSE D'AIL ÉMINCÉE	1
1 c. à table	PESTO (FACULTATIF)	15 ml
	SEL ET POIVRE	

Boulettes

1 tasse	POITRINE DE POULET HACHÉE	250 ml
1/2 tasse	ROMANO OU PARMESAN RÂPÉ	125 ml
1	ŒUF BATTU	1
2 c. à thé	PERSIL HACHÉ	10 ml
	POIVRE	

- Mettre la poitrine dans la marmite.
- Ajouter l'eau et amener à ébullition.
- Laisser mijoter et écumer.
- Lorsque la poitrine est cuite, passer le bouillon.
- Ajouter les légumes, l'oignon, l'ail, le sel, le poivre et le pesto.
- Passer le poulet au moulin à viande ou au robot culinaire pour obtenir une farce très fine.
- Ajouter le fromage, l'œuf, le persil et le poivre et bien mélanger.
- Former de minuscules boulettes et les ajouter à la soupe.
- Cuire de 10 à 15 minutes ou jusqu'à ce que les boulettes remontent à la surface.

*O*n peut servir cette soupe telle quelle ou y ajouter de petites pâtes ou du riz et 1/2 tasse (125 ml) d'épinards cuits et hachés.

Servir avec du fromage romano fraîchement râpé.

Cette soupe a plus l'apparence d'un légume en sauce que d'une soupe véritable.

Soupe aux zucchini *(3 à 4 personnes)*

3	PETITS ZUCCHINI (COURGETTES)	3
2 c. à table	GRAISSE VÉGÉTALE	30 ml
1	OIGNON MOYEN TRANCHÉ	1
1	GOUSSE D'AIL HACHÉE FINEMENT	1
1 tasse	SAUCE TOMATE	250 ml
1 tasse	BOUILLON DE POULET	250 ml
3	ŒUFS	3
1/2 tasse	PARMESAN RÂPÉ	125 ml
	SEL ET POIVRE	

- Laver, brosser et essuyer les zucchini.
- Couper les extrémités.
- Couper les zucchini en quatre dans le sens de la longueur.
- Enlever le centre et les graines, et les couper en bâtonnets.
- Dans une casserole, chauffer la graisse végétale et faire revenir l'oignon et l'ail.
- Lorsque l'oignon est transparent, ajouter la sauce tomate et le bouillon de poulet.
- Laisser mijoter quelques minutes.
- Ajouter les zucchini et casser les œufs directement dans la sauce.
- Briser légèrement les œufs dans la casserole avec une cuillère de bois.
- Couvrir et laisser mijoter environ 15 minutes.
- Les zucchini devront être encore croquants.
- Ajouter le fromage râpé 3 minutes avant de servir.
- Rectifier l'assaisonnement.

*V*ous pouvez remplacer la sauce tomate par du jus de tomate. Dans ce cas, vous omettez le bouillon de poulet et la sauce tomate et vous remplacez par 2 tasses (500 ml) de jus de tomate. À ce moment-là, vous ajoutez des herbes de votre choix afin d'en rehausser le goût et vous laissez mijoter la sauce 15 minutes avant d'ajouter les zucchini.

Soupe risi bisi

(*4 personnes*)

5 tasses	BOUILLON DE POULET MAISON	1,25 litre
1/2 tasse	RIZ CUIT	125 ml
1/4 tasse	PETITS POIS FRAIS	60 ml
2 c. à table	PERSIL HACHÉ FINEMENT	30 ml
	PARMESAN RÂPÉ	

- Faire chauffer ensemble tous les ingrédients.
- Offrir un bol de parmesan râpé. Chacun se sert à son goût...

*N*ous avons l'habitude de toujours saupoudrer nos soupes et nos salades avec du fromage parmesan ou romano râpé et du poivre frais. Par contre nous utilisons peu de sel en cuisinant ou à table.
Nos mères et nos grand-mères le faisaient mais nous trouvons que le fromage en contient déjà bien assez.
Pour que cette soupe soit à son meilleur, il faut absolument la préparer avec des petits pois frais.

Les Vénitiens prétendent même que seuls les petits pois cultivés le long des berges de la lagune sont bons.
Ne soyons pas aussi puristes, mais vive les petits pois frais!

Jeanette:

Chaque fois que cette soupe paraît au menu d'un restaurant, je m'empresse de la commander, espérant toujours y retrouver le goût de mon enfance. Malheureusement, personne ne sait réussir la soupe «aux petits chiffons» aussi bien que grand-maman Ernestina.

Stracciatella (petits chiffons)

(4 personnes)

9 tasses	BOUILLON DE VOLAILLE	2,25 litres
2	ŒUFS LÉGÈREMENT BATTUS	2
2 c. à table	PARMESAN	30 ml
2 c. à table	PERSIL FRAIS HACHÉ	30 ml
	SEL	

- Amener le bouillon à ébullition.
- Pendant ce temps, incorporer le fromage et le persil aux œufs.
- Verser le mélange aux œufs dans la soupe, petit à petit, en remuant délicatement pour former des filets.
- Laisser mijoter de 2 à 3 minutes sans cesser de remuer.
- Retirer du feu et servir avec du parmesan râpé.

Vous pouvez également faire passer le mélange d'œufs battus à travers une grande écumoire.
Le mélange tombera en fils minces.

Chapitre 7

Mangia! Mangia!

Mangia! Mangia! exhorte la voix chantante de grand-maman Ernestina.

Mangia! Mangia! chantonne en écho, quelques rues plus loin, la voix de grand-maman Rafaella.

Et nos grands-pères, chacun présidant sa tablée familiale, remplissent les assiettes de pâtes fraîches et fumantes. La sauce tomate garnie de polpette et de braciole passe de mains en mains. Le silence se fait, ultime hommage à la cuisinière, interrompu de temps à autre par «il formaggio per piacere». C'est un dimanche comme les autres!

Nous apprenons notre culture en même temps que notre cuisine. Nous rêvons d'oliviers écrasés de soleil, de citrons frais cueillis juteux et sucrés. Nous parlons d'un pays mythique et sans défaut sous un ciel d'un bleu éblouissant.

Nos grands-parents racontent...

Au cœur de Montréal vit un peu de Piedimonte d'Alife, un pays pauvre qu'il faut quitter pour vivre...

Dehors il neige...

Mangia! Mangia!

Agneau cacciatore, 145
Abats sautés, 146
Côtelettes d'agneau aux herbes, 148
Braciole, 149
Fegato è cipolle, 150
Fritto misto, 151
Lapin cacciatore d'Ernestina, 152
Poulet cacciatore de Rafaella, 153
Osso-bucco, 154
Poulet à la gremolata, 156
Oiseaux sans tête à l'italienne, 157
Pain de viande, 158
Paupiettes de poulet, 159
Porco vitello, 160
Poulet au citron, 161
Poulet farci de grand-maman, 162
Steak aux anchois et aux câpres, 163
Salsicce, 164
Salsicce di fegato, 165
Hamburgers à notre manière, 166
Hot-dogs à notre manière, 167
Poulet en papillotes, 168
Trippa, 169

Agneau cacciatore

(4 personnes)

16	CÔTELETTES D'AGNEAU	16
2	GOUSSES D'AIL HACHÉES	2
6 c. à table	VINAIGRE DE VIN	90 ml
4 tasses	BOUILLON DE POULET	1 litre
1 3/4 oz	1 BOÎTE DE FILETS D'ANCHOIS	50 g
4	TOMATES PELÉES ET ÉPÉPINÉES OU	4
1/2 tasse	TOMATES BROYÉES	125 ml
4 c. à table	HUILE D'OLIVE	60 ml
	THYM	
	ROMARIN	
	POIVRE AU GOÛT	

- Chauffer l'huile.
- Faire brunir les côtelettes des deux côtés.
- Les mettre dans une cocotte à mesure qu'elles sont prêtes.
- Quand toutes les côtelettes sont bien dorées, verser le vinaigre de vin dans le poêlon.
- Amener à ébullition en détachant les petites particules qui adhèrent au fond.
- Ajouter le bouillon, les tomates et les herbes.
- Laisser reprendre l'ébullition et verser sur les côtelettes.
- Couvrir et mettre au four préchauffé à 350 °F/180 °C.
- Laisser cuire environ 1 heure. L'agneau doit être tendre.
- Juste avant de servir, ajouter les anchois hachés et mêler avec la sauce.
- Servir très chaud.

Toutes les fois que nous nous sommes fait le plaisir d'aller à Piedimonte voir la sœur de nos grand-mères, elle nous a accueillis en s'exclamant, les bras levés vers le ciel: «Si vous m'aviez prévenue, j'aurais tué l'agneau!»

Mais nous arrivions toujours à l'improviste...

Ce plat économique vous surprendra peut-être, mais les
Européens en général ont
l'habitude plus que nous de servir des repas à base d'abats.
Nous l'avons déjà mentionné,
nos grands-parents n'étaient
pas riches, les plats de ce type
étaient donc toujours bienvenus
à table.

Abats sautés   *(4 personnes)*

1 lb	CŒURS DE POULET	500 g
1 lb	GÉSIERS DE POULET	500 g
2 c. à table	BEURRE	30 ml
2 c. à table	HUILE D'OLIVE	30 ml
2	OIGNONS	2
1	GOUSSE D'AIL	1
3	BRANCHES DE CÉLERI	3
2	CAROTTES	2
2	FEUILLES DE LAURIER	2
1/2 tasse	VIN ROUGE	125 ml
1 tasse	BOUILLON DE BŒUF	250 ml
2 c. à table	SAUCE TOMATE	30 ml
1 c. à thé	THYM	5 ml
	SEL ET POIVRE AU GOUT	

- Laver les abats dans l'eau salée et retirer la graisse.
- Mettre les abats dans une casserole d'eau froide sa-lée.
- Ajouter une branche de céleri coupée en gros mor-ceaux, un oignon coupé en quartiers, une feuille de laurier et quelques grains de poivre.
- Amener à ébullition, écumer et faire mijoter 1 heure à petits bouillons.
- Retirer les abats à l'aide d'une écumoire et réserver.
- Faire fondre le beurre et l'huile.
- Ajouter l'oignon et l'ail.
- Dorer légèrement les abats.

- Ajouter le bouillon de bœuf, le vin, la sauce tomate et les assaisonnements.
- Couvrir et laisser mijoter 30 minutes.
- Ajouter alors le céleri et les carottes coupés en morceaux de 1 po (2,5 cm).
- Laisser mijoter 30 minutes de plus. Ajouter un peu d'eau au besoin.
- Servir avec du riz pilaf ou des nouilles au beurre.

Variante

Les foies de poulet se préparent de la même manière. Il faut omettre alors de les faire bouillir avant de les mettre dans la sauce.

Si vous n'aimez pas la texture des gésiers, qui est assez dure, vous constaterez que la cuisson très longue les attendrit et les rend agréables à manger.

Les abats supportent assez mal la congélation; il vaut donc mieux les acheter frais et les consommer rapidement.

Le foie est une bonne source de vitamines A, B, D et E.

Le meilleur agneau est sans con-
tredit l'agneau de lait, qu'on ap-
pelle «abbachio» en italien.
C'est évidemment un très jeune
agneau qu'on fait cuire en rôti
avec du romarin, surtout à
l'époque de Pâques.

Côtelettes d'agneau aux herbes

(4 personnes)

12	CÔTELETTES D'AGNEAU ASSEZ ÉPAISSES	12
4 c. à table	HUILE D'OLIVE	60 ml
2	GOUSSES D'AIL ÉCRASÉES	2
4 c. à table	PERSIL HACHÉ	60 ml
4 c. à table	CÂPRES	60 ml
1 c. à thé	ORIGAN	5 ml
1/2 c. à thé	ROMARIN	2 ml
1 ou 2	CITRONS	1 ou 2

- Préparer une marinade avec l'huile, l'ail, le sel et le poivre.
- Mettre les côtelettes dans un plat où elles peuvent tenir côte à côte.
- Couvrir de la marinade et laisser reposer au frais pendant 3 heures en retournant au moins une fois.
- Passer la marinade au tamis.
- Frire les côtelettes rapidement des deux côtés.
- Ajouter les herbes, baisser le feu, couvrir et laisser mijoter 10 minutes.
- Arroser les côtelettes avec le jus d'un citron et recouvrir avec les câpres légèrement écrasées.
- Laisser chauffer encore 2 minutes et servir très chaud.

Ce plat est délicieux avec des courgettes sautées à l'ail. Encore une fois, il vaut mieux manger l'agneau en saison, c'est-à-dire au printemps, et s'assurer qu'il n'a pas été congelé.

Braciole

(4 personnes)

1 lb	TRANCHES DE STEAK MINUTE	500 g
1	GOUSSE D'AIL HACHÉE	1
1/2	PEPPERONI TRANCHÉ ET COUPÉ	1/2
	EN PETITS MORCEAUX	
4 c. à table	ORIGAN	60 ml
4 c. à table	PERSIL FRAIS	60 ml
4 c. à table	ROMANO OU PARMESAN	60 ml
1	OIGNON	1
	SEL ET POIVRE	

- Étendre les tranches de bœuf.
- Répartir les ingrédients sur chacune des tranches.
- Rouler les tranches et les ficeler ou les fixer avec des cure-dents.
- Faire revenir un oignon dans l'huile d'olive et faire dorer les braciole.
- Quand les braciole sont bien cuites, on peut retirer les cure-dents.
- Ajouter les braciole à la sauce tomate dans laquelle elles finiront de cuire doucement pendant 1 1/2 heure environ.

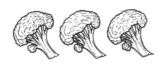

Vous pouvez servir les braciole en les retirant de la sauce, seules avec des légumes, ou faire comme nous et les servir avec des spaghetti.

Grand-maman Biondi ajoutait toujours des braciole et des polpette à la sauce tomate et nous n'imaginons pas un plat de spaghetti sans ces indispensables accompagnements.

Nous faisons parfois des «braciole géants» avec une grande tranche de ronde farcie et cuite dans la sauce. Vous la coupez en belles rondelles que vous pouvez servir avec des légumes. La viande très tendre est délicieuse préparée ainsi.

Ce plat économique et rapide à préparer est de ceux que l'on est porté à oublier.

Nous aimions tellement ce foie qu'il nous arrivait d'aller le manger au célèbre restaurant Chez Pepe si nos mères et grand-mères n'en faisaient pas assez souvent.

Fegato è cipolle   *(4 personnes)*

1 lb	FOIES DE POULET	500 g
2	OIGNONS	2
1/4 c. à table	SAUGE	4 m
1/4 c. à table	THYM	4 m

- Nettoyer les foies en prenant soin qu'il ne reste ni parties vertes ni petites nervures.
- Trancher les oignons.
- Faire fondre le beurre à feu bas.
- Faire revenir les oignons pour qu'ils soient juste blonds.
- Ajouter les foies, les cuire doucement pour qu'ils restent un peu roses et qu'ils ne durcissent pas.
- Ajouter les herbes en fin de cuisson.
- Servir très chaud.

Les foies ainsi préparés sont délicieux avec une couronne de riz blanc ou des fettucini au beurre.

Fritto misto
(*4 personnes*)

4	CÔTELETTES DE PORC	4
4	CÔTELETTES D'AGNEAU	4
4	SAUCISSES ITALIENNES	4
8	TRANCHES DE BACON	8
4	TRANCHES DE FOIE DE VEAU	4
4	POMMES DE TERRE CUITES	4
2	OIGNONS TRANCHÉS	2

- Cuire 4 tranches de bacon.
- Faire cuire les côtelettes dans le gras du bacon.
- Ajouter les oignons.
- Réserver les côtelettes au chaud.
- Ajouter les 4 autres tranches de bacon.
- Mettre les saucisses dans la poêle.
- Cuire les saucisses à fond en les piquant. Quand elles sont assez cuites, les réserver avec les côtelettes.
- Mettre les tranches de foie et de pommes de terre tranchées dans le poêlon.
- Cuire le foie à feu doux sans le saisir si on veut qu'il reste tendre et rose.
- Quand le foie est prêt, déposer toutes les viandes dans un grand plat de service chaud.

*C*haque convive se sert au goût de viandes et de pommes de terre.
Le foie de veau sera plus tendre si vous le faites tremper pendant 1 heure dans du lait.

Grand-maman Ernestina utilisait souvent des saucisses fraîches maison pour préparer ce plat, mais vous verrez que les saucisses italiennes fortes ou douces, comme vous les aimez, sont tout aussi bonnes.
Les Italiens apprécient beaucoup les «fritto misto» de viandes, de poissons ou même de légumes. Ce plat laisse libre cours à l'imagination et permet d'utiliser les restes pour faire un repas attrayant.

*Si vous n'aimez pas le lapin,
vous pouvez préparer le poulet
de la même manière. Vous trouverez ci-après une autre recette
de poulet chasseur tel qu'on le
prépare chez Claudia.*

Lapin cacciatore d'Ernestina
(8 personnes)

6 1/2 lb	2 LAPINS COUPÉS EN MORCEAUX	3 kg
4	TRANCHES DE PANCETTA	4
1	GROS OIGNON HACHÉ TRÈS FINEMENT	1
4 c. à table	VINAIGRE DE VIN BLANC	60 ml
1 verre	VIN BLANC SEC	1 verre
2	FEUILLES DE LAURIER	2
1 1/2 tasse	BOUILLON DE POULET	375 ml
1/2 tasse	OLIVES NOIRES DÉNOYAUTÉES	125 ml
1 3/4 oz	1 BOÎTE DE FILETS D'ANCHOIS RINCÉS	50 g
	ORIGAN	
	POIVRE FRAIS MOULU	

- Dans un grand poêlon, antiadhésif de préférence, faire fondre doucement la pancetta avec un soupçon d'huile d'olive au basilic.
- Faire dorer les morceaux de lapin.
- Mettre les morceaux dans un grand faitout.
- Faire revenir l'oignon.
- Ajouter le vinaigre de vin.
- Réduire quelques minutes.
- Ajouter le vin blanc et le bouillon de poulet.
- Déglacer soigneusement le poêlon.
- Laisser bouillir 5 minutes et verser sur les morceaux de lapin.
- Ajouter le laurier, l'origan et le poivre.
- Couvrir et cuire au four ou sur la cuisinière pendant 1 heure.
- Vérifier la cuisson; le lapin doit être tendre.
- Mettre le lapin dans un plat de service et tenir au chaud.
- Couler le bouillon et lui ajouter les olives et les anchois coupés en petits morceaux.
- Réduire quelques minutes.
- Présenter en saucière.

*Si on aime le goût du foie, on peut le cuire légèrement et l'ajouter à la sauce après l'avoir passé au robot culinaire pour en faire une purée.
On peut remplacer le vin par la même quantité de bouillon.
Servir ce lapin avec des pâtes à l'huile ou du riz nature.*

Poulet cacciatore de Rafaella

(4 personnes)

1	POULET DE 3 LB (1,5 KG) EN MORCEAUX	1
2 c. à table	HUILE D'OLIVE	30 ml
2 c. à table	BEURRE	30 ml
1	GOUSSE D'AIL	1
1	POIVRON TRANCHÉ	1
1	OIGNON TRANCHÉ	1
8	CHAMPIGNONS FRAIS TRANCHÉS	8
1/2 tasse	SAUCE TOMATE	125 ml
1/4 tasse	BOUILLON DE POULET	60 ml
	OU VIN BLANC SEC	
1	PINCÉE D'ORIGAN	1
1	PINCÉE DE THYM	1
1/4 tasse	PERSIL FRAIS HACHÉ FINEMENT	60 ml
	SEL ET POIVRE FRAIS MOULU	

- Chauffer l'huile et le beurre.
- Faire brunir le poulet.
- Baisser le feu et laisser mijoter très doucement environ 30 minutes.
- Pendant ce temps, dorer les oignons, les poivrons et les champignons.
- Ajouter la sauce tomate et le bouillon ou le vin blanc.
- Verser le tout sur le poulet et ajouter les fines herbes.
- Enrober soigneusement le poulet de sauce.
- Laisser mijoter de nouveau 30 minutes à feu doux. La chair doit se détacher facilement des os.

*V*ous pouvez, si vous le préférez, mettre le plat au four à 350 °F/180 °C.
Faites comme grand-maman Biondi qui servait ce poulet avec des fettucine au beurre ou ajoutez-y des saucisses italiennes coupées en petits bouts. Le goût du cacciatore sera alors un peu différent.

Comme vous pouvez le constater, les «chasseurs» se suivent mais ne se ressemblent pas, pourtant ils sont aussi bons l'un que l'autre.
À vous maintenant de les modifier si le cœur vous en dit.

Osso-bucco   *(4 personnes)*

2	JARRETS DE VEAU COUPÉS EN RONDELLES PAR LE BOUCHER	2
2	OIGNONS HACHÉS FINEMENT	2
4	CAROTTES DE BONNE GROSSEUR COUPÉES EN PETITS CUBES	4
5	GROSSES BRANCHES DE CÉLERI COUPÉES EN PETITS CUBES	5
1	GOUSSE D'AIL HACHÉE	1
3	TOMATES PELÉES ET COUPÉES EN MORCEAUX OU	3
5	TOMATES EN CONSERVE	5
1/2 tasse	HUILE D'OLIVE AU BASILIC	125 ml
1 tasse	VIN BLANC SEC	250 ml
1/2 tasse	BOUILLON	125 ml
1/2 c. à thé	THYM	2 ml
1/2 c. à thé	MARJOLAINE OU ORIGAN	2 ml
	SEL ET POIVRE	
	PERSIL HACHÉ AU GOÛT	

- Utiliser de préférence une cocotte en fonte avec couvercle.
- Chauffer l'huile d'olive.
- Faire revenir doucement dans l'huile chaude le céleri, les carottes et les oignons.
- Ajouter l'ail et laisser cuire 15 minutes jusqu'à ce que les légumes soient très tendres.
- Retirer du feu.
- Égoutter les légumes et réserver.
- Hors du feu, ajouter de l'huile dans la cocotte.
- Faire revenir les morceaux de jarret pour qu'ils soient bien dorés de tous côtés. Quand tous les morceaux de viande sont prêts, remettre les légumes dans la cocotte.
- Arroser avec le bouillon et le vin préalablement chauffés.
- Saler et poivrer, ajouter le persil et les autres herbes.
- Ajouter les tomates et couvrir la cocotte.

- Faire mijoter au four à 350 °F/180 °C ou sur la cuisi-nière à feu moyen.
- Vérifier de temps en temps afin que le veau cuise bien et retourner les morceaux au besoin.
- Cuire au moins 1 1/2 heure. Le veau doit être très tendre et la sauce assez courte.
- Servir avec la gremolata.

Nous vous proposons de servir l'osso-bucco avec du riz au parmesan.
Dans toutes les recettes qui demandent de l'origan, vous pouvez utiliser la marjolaine, dont le goût est plus léger.

Gremolata

1 c. à table	ZESTE DE CITRON RÂPÉ	15 ml
1	GROSSE GOUSSE D'AIL	
	HACHÉE FINEMENT	1
3 c. à table	PERSIL FRAIS HACHÉ FINEMENT	45 ml

- Mêler ensemble tous les ingrédients. Chaque convive saupoudre son plat de gremolata. On peut également ajouter le zeste d'une orange à la gremolata.

La gremolata donne un cachet très particulier à la viande et vous aimerez peut-être essayer la recette de poulet de la page suivante.
Cette recette économique et très bonne peut être dou-blée très facilement. Vous pouvez omettre les tomates.

Cette recette très simple ne vient pas de nos grand-mères. C'est Jeanette qui, pour utiliser la gremolata restante de l'osso-bucco, a pris l'habitude de pré-parer ainsi le poulet. Vous ver-rez qu'il est savoureux et très différent. D'ailleurs Claudia, qui n'aime pas particulièrement le poulet, apprécie beaucoup cette façon de faire.

Poulet à la gremolata *(4 personnes)*

1	POULET DE 3 LB (1,5 KG)	1
1 tasse	GREMOLATA	250 ml
2 c. à table	HUILE D'OLIVE AUX ÉCORCES	30 ml
	SEL ET POIVRE	

- Essuyer le poulet et décoller la peau soigneusement.
- Glisser un peu de gremolata entre la chair et la peau.
- Arroser le poulet d'un peu d'huile d'olive parfumée aux écorces.
- Faire cuire au four à découvert.
- Servir avec des pâtes au beurre, des fettucini par exemple, et des brocolis à l'huile, au citron et à l'ail.

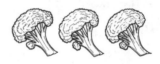

Vous pouvez préparer de la même manière le poulet au pesto. Il s'agit tout simplement de substituer le pesto à la gremolata.

Oiseaux sans tête ✓   *(8 personnes)*
à l'italienne

8	ESCALOPES DE VEAU TRÈS FINES	8
8	TRANCHES DE JAMBON TRÈS FINES	8
8 c. à table	PARMESAN OU ROMANO RÂPÉ	120 ml
3 c. à table	HUILE D'OLIVE	45 ml
4	ÉCHALOTES	4
1	OIGNON	1
1 tasse	VIN BLANC SEC	250 ml
	SEL ET POIVRE	
	LAURIER	
	THYM	
	ORIGAN	

- Mettre sur les escalopes aplaties une tranche de jambon et un peu de fromage râpé.
- Rouler et attacher.
- Faire revenir dans l'huile en dorant de tous les côtés et mouiller avec le vin.
- Ajouter les herbes et couvrir.
- Mijoter environ 30 minutes.

*S*ervir avec des épinards, du brocoli ou des haricots verts et des pommes de terre garnies de persil haché.
Vous remarquerez que nous ne passons pas les viandes dans la farine avant de les faire rissoler. Cette méthode allège la sauce et rend la viande plus digestible.

Pain de viande ✓ (*6 personnes*)

1 lb	PORC HACHÉ	500 g
1 lb	VEAU HACHÉ	500 g
4	ŒUFS BATTUS	4
4	ŒUFS CUITS DURS ET ÉCALÉS	4
1	GOUSSE D'AIL ÉCRASÉE	1
1/2 tasse	PARMESAN OU ROMANO RÂPÉ	125 ml
1/2 tasse	CHAPELURE FINE	125 ml
2 c. à table	PERSIL FRAIS HACHÉ	30 ml
1 c. à thé	SEL	5 ml
1 c. à thé	POIVRE FRAIS MOULU	5 ml
1/4 tasse	SAUCE TOMATE	60 ml

- Bien mélanger le porc et le veau, les œufs, l'ail, le fromage, la chapelure, le persil, le sel et le poivre.
- Diviser ce mélange en deux parts égales.
  Mettre la moitié de la préparation dans un plat huilé allant au four.
- Disposer par-dessus, un derrière l'autre, les œufs durs.
- Recouvrir avec le restant de viande et bien presser. Couvrir le pain de viande de sauce tomate 15 minutes avant la fin de la cuisson.
- Cuire à 350 °F/180 °C pendant 60 minutes.

*C*e pain de viande, *très beau quand on le tranche à cause des œufs qui forment le cœur, est également délicieux servi froid avec une salade ou pour les boîtes à lunch.*

Paupiettes de poulet ✓ *(4 personnes)*

2	POITRINES DE POULET	2
	COUPÉES EN ESCALOPES	
5	TRANCHES DE PROSCIUTTO	5
8	CHAMPIGNONS	8
3/4 tasse	MOZZARELLA RÂPÉE	175 ml
2 c. à table	ROMANO RÂPÉ	30 ml
1/4 tasse	PERSIL HACHÉ	60 ml
4	ÉCHALOTES HACHÉES	4
1	ŒUF	1
1 c. à table	BEURRE	15 ml
1 c. à table	HUILE	15 ml
1 tasse	BOUILLON DE POULET	250 ml
	LE JUS D'UN DEMI-CITRON	
1	JAUNE D'ŒUF (FACULTATIF)	1

- Couper le prosciutto.
- Hacher les champignons et les faire revenir dans un peu d'huile.
- Faire une farce avec les fromages, le persil, les échalotes, le prosciutto, les champignons et l'œuf.
- Répartir ce mélange au centre de chaque escalope. Former de petits paquets.
- Attacher avec du fil de cuisine.
- Rouler les paupiettes dans la farine.
- Faire revenir dans l'huile et le beurre.
- Quand les paupiettes sont bien dorées, les arroser avec le bouillon de poulet chaud et le jus de citron.
- Mijoter à feu doux pendant 1 heure.
- Servir avec des quartiers de citron.

Un peu de parmesan ajouté à la farine rendra les paupiettes plus croustillantes.

Et si votre taux de cholestérol vous le permet, battez un jaune d'œuf, réchauffez-le avec un peu de bouillon en continuant de battre afin qu'il ne coagule pas, et ajoutez-le à la sauce pour l'enrichir. Chauffez sans bouillir et servez immédiatement après avoir retiré le fil de cuisine.

Ces paupiettes sont très jolies et se présentent fort bien sur un lit d'épinards, entourées de fettucini au beurre.

Nos grand-mères faisaient assez souvent ces deux rôtis accompagnés d'un pain de farce que vous trouverez à la page 40.

Elles ajoutaient parfois, comme le font les cuisinières québécoises, les pommes de terre dans la rôtissoire.

Porco vitello

(12 à 15 personnes)

5 à 6 lb	RÔTI DE PORC	3 kg
5 à 6 lb	RÔTI DE VEAU	3 kg
2	GOUSSES D'AIL EN COPEAUX	2
2 c. à table	ROMARIN	30 ml
1 c. à table	THYM	15 ml
1 c. à table	ORIGAN	15 ml
1 c. à table	SAUGE EN FEUILLES	15 ml
2 c. à table	HUILE D'OLIVE	30 ml
1 tasse	VIN BLANC SEC	250 ml
	POIVRE ET SEL	

- Malaxer ensemble les herbes et l'huile d'olive en omettant la sauge.
- Faire des incisions dans le rôti de porc et y glisser les copeaux d'ail et un peu du mélange d'herbes et, dans chaque incision, une demi-feuille de sauge.
- Faire également des incisions dans le veau et y glisser le mélange d'herbes seulement.
- Huiler le veau.
- Poser les deux pièces de viande dans la même rôtissoire.
- Verser le vin sur les rôtis.
- Mettre à four froid.
- Régler la température du four à 400 °F/200 °C.
- Laisser cuire environ 1 heure puis couvrir la rôtissoire.
- Laisser cuire en baissant la chaleur à 350 °F/180 °C environ 2 à 3 heures (ou 25 minutes par lb/500 g).
- Les viandes doivent être très cuites et très tendres.

*V*ous pouvez servir avec ces rôtis des fenouils braisés, si vous en appréciez le goût anisé.

Poulet au citron   *(4 personnes)*

3 lb	1 POULET	1,5 kg
2	BRANCHES DE CÉLERI	2
4	TOMATES	4
4	CITRONS	4
4	OIGNONS	4
2	GOUSSES D'AIL HACHÉES	2
2 tasses	VIN BLANC SEC	500 ml
4 c. à table	HUILE AU BASILIC	60 ml
4 c. à table	PIGNONS	60 ml
	THYM	
	ROMARIN	
	ORIGAN	
	SEL ET POIVRE	

- Si l'on achète un poulet complet, le découper en 8 parts.
- Faire dorer les morceaux dans 2 c. à table (30 ml) d'huile. Dès qu'ils sont bien dorés de tous côtés, les déposer dans une cocotte.
- Faire dorer les pignons et réserver.
- Quand tous les morceaux sont prêts, verser le vin et le jus de 3 citrons sur le poulet.
- Ajouter les herbes et l'ail.
- Faire mijoter à feu doux.
- Pendant ce temps, dans le poêlon qui a servi à dorer le poulet, mettre le céleri coupé en petits cubes et l'oignon haché.
- Laisser fondre à feu doux.
- Ajouter les tomates en morceaux.
- Gratter le fond du poêlon pour détacher tous les sucs.
- Verser les légumes dans la cocotte. Ajouter un peu d'eau chaude si nécessaire afin que le liquide couvre juste la viande.
- Faire mijoter très lentement de 1 1/2 à 2 heures.
- Pour servir, déposer les morceaux de poulet dans un grand plat chaud au milieu d'une couronne de riz nature.
- Décorer avec des rondelles de citron et les pignons.
- Servir la sauce à part, en saucière.

Vous pouvez préparer des cubes de veau à mijoter de la même manière.

Vous remarquerez sans doute que nous vous suggérons de présenter les plats sur la table, ce qui permet à chacun de se servir à son gré.

Nos grands-parents avaient cette habitude que nous avons conservée.

Il arrive souvent que le service soit assuré par le maître de maison qui découpe les viandes à table, s'il y a lieu, ce qui permet là encore à chacun d'être servi selon ses désirs.

Poulet farci
de grand-maman

(4 personnes)

3 lb	1 POULET	1,5 kg
1/2 tasse	JAMBON	125 ml
1/2 tasse	SAUCISSE PEPPERONI	125 ml
1 tasse	MOZZARELLA RÂPÉE	250 ml
1 1/2 tasse	PARMESAN RÂPÉ	375 ml
1 c. à table	PERSIL FRAIS HACHÉ	15 ml
2	ŒUFS	2
1/4 tasse	BEURRE	60 ml
2 c. à thé	THYM	10 ml
2 c. à table	PAPRIKA	30 ml
	SEL ET POIVRE AU GOÛT	

- Laver le poulet à l'eau citronnée et bien l'assécher.
- Couper le jambon et le pepperoni en dés.
- Ajouter les fromages, le persil, le poivre et les œufs battus.
- Farcir le poulet et le ficeler.
- Mettre la moitié du beurre dans une rôtissoire.
- Déposer le poulet dans la rôtissoire et le badigeonner avec le restant du beurre.
- Assaisonner le poulet.
- Cuire au four à 350 °F/180 °C pendant 1 1/2 heure. Arroser le poulet de temps en temps durant la cuisson.

Steak aux anchois et aux câpres

(4 personnes)

4	STEAKS DE FAUX-FILET DE 1 PO (2,5 CM) D'ÉPAISSEUR	4
1/2 lb	BEURRE	250 g
6	OIGNONS VERTS (ÉCHALOTES) TRANCHÉS	6
1 3/4 oz	1 BOÎTE D'ANCHOIS	50 g
1	GOUSSE D'AIL BROYÉE	1
1 c. à table	CÂPRES	15 ml
2 c. à table	BRANDY	30 ml
8 oz	CHAMPIGNONS TRANCHÉS	250 g

- Faire fondre 1 c. à table (15 ml) de beurre dans un poêlon en fonte.
- Saisir le steak 1 minute de chaque côté.
- Ajouter le brandy et flamber.
- Déposer les steaks sur une clayette et réserver.
- Faire fondre le restant du beurre à feu très doux dans une petite casserole.
- Ajouter les oignons verts, les anchois, l'ail, les câpres et le persil sans les cuire.
- Mettre le beurre au congélateur en le remuant souvent pour le faire prendre de nouveau et empêcher ainsi les ingrédients de tomber au fond.
- Déposer les champignons sur les steaks et répartir le beurre sur la viande.
- Mettre sous le gril de 5 à 7 minutes et servir.

Variante

Préparez les côtelettes d'agneau de la même manière, en achetant toujours de l'agneau frais, plus tendre et plus savoureux.

Voici les saucisses italiennes telles que ma grand-mère Biondi les faisait une fois par année à l'automne. Elle présentait les salsicce accompagnés de lentilles ou de purée de pommes de terre.

Salsicce

4 lb	ÉPAULE DE PORC COUPÉE EN CUBES DE 1 PO (2,5 CM)	2 kg
4 c. à table	SEL	60 ml
3 c. à table	POIVRE FRAIS MOULU	45 ml
1	BOYAU DE PORC	1

- Laver le boyau à l'eau courante froide pour enlever le sel.
- Le faire tremper dans l'eau froide additionnée d'un peu de vinaigre pendant 30 minutes.
- Passer les cubes de viande dans un hache-viande en utilisant le couteau de grosseur moyenne.
- Bien mélanger la viande avec les assaisonnements.
- Fixer l'entonnoir sur l'orifice du hache-viande.
- Glisser le boyau sur l'entonnoir et laisser pendre un petit bout à l'autre extrémité.
- Nouer ce boyau.
- Passer de nouveau la viande assaisonnée dans le hache-viande afin de remplir le boyau.
- Bien tasser la viande afin d'éviter la formation de bulles d'air.
- Piquer avec une aiguille si nécessaire.
- Pour former les saucisses, tordre le boyau rempli à tous les 6 po (15 cm).

Variante

Si vous préférez un mets avec plus de piquant, remplacez le poivre noir par des flocons de piments forts ou de la pâte de piment. Si pour vous un mets sans ail n'est pas italien, ajouter une ou deux gousses d'ail. Vous pouvez modifier l'assaisonnement ou en ajouter à votre guise. Par exemple, du fenouil, du persil, de la coriandre, du paprika, etc.

Méthodes de cuisson

Bouillir les salsicce 10 minutes avant de les cuire à la poêle avec un peu de beurre ou d'huile.

Déglacer avec un verre de vin blanc et les ajouter à la sauce tomate ou les faire griller au barbecue.

Salsicce di fegato

2 lb	FOIE DE PORC	1 kg
6 oz	LARD GRAS COUPÉ EN PETITS DÉS	180 g
1	BOYAU DE PORC	1
	ÉPICES À MARINADE	
	SEL ET POIVRE	

- Retirer la membrane du foie.
- Faire tremper le foie dans du lait pendant 1 heure et l'éponger.
- Couper le foie et le lard au couteau en cubes de 1/4 po (1/2 cm). Mélanger tous les ingrédients et remplir le boyau sans tasser en suivant les indications de la recette des «saucisses fraîches».

Le lait attendrit la viande et la rend plus douce.

Vous pouvez griller les saucisses, les cuire au four ou les faire sauter dans un peu d'huile.

N'oubliez pas de les piquer avant de les faire cuire.

Les saucisses sont délicieuses avec de la peperonata.

Vous pouvez ajouter les assaisonnements de votre choix à la préparation des saucisses.

Quand vous achetez des boyaux, précisez à votre boucher l'utilisation que vous souhaitez en faire. Les boyaux d'agneau et de porc ont la réputation d'être plus tendres. Il est préférable de les faire tremper 30 minutes à l'eau tiède vinaigrée ou citronnée avant de les rincer à l'eau froide.

Voilà un bon exemple de la faculté d'adaptation de nos grand-mères.

Le hamburger à l'américaine prend ainsi des couleurs italiennes.

Hamburgers
à notre manière

(*4 à 6 personnes*)

1 lb	VEAU, PORC ET BŒUF MÉLANGÉS	500 g
1/2 tasse	PARMESAN	125 ml
1/2 tasse	CHAPELURE	125 ml
3	ŒUFS BATTUS	3
1/4 tasse	PERSIL	60 ml
1	PETIT OIGNON HACHÉ	1
1 c. à thé	SARRIETTE	5 ml
1 c. à thé	PÂTE DE PIMENT (FACULTATIF)	5 ml
1 c. à table	CÂPRES	15 ml
1 c. à table	SAUCE WORCESTERSHIRE	15 ml
	SEL ET POIVRE	

- Bien mélanger tous les ingrédients.
- Façonner la viande en 4 ou 6 galettes de même taille.
- Graisser légèrement le gril.
- Déposer les galettes sur le gril chaud, toutes en même temps.
- Faire griller 5 minutes d'un côté, retourner délicatement et griller 5 minutes de plus.
- Déposer une tranche de mozzarella sur la viande.
- Une fois le fromage fondu, servir sur des petits pains italiens coupés en deux ou sur des pains à hamburgers.

*G*arnir au goût de tranches de tomate, de concombre et d'oignon ou servir avec une salade de légumes frais.

Hot-dogs à notre manière

(4 à 6 personnes)

6	SAUCISSES ITALIENNES FRAÎCHES	6
6	PAINS BAGUETTES	6

- Avant de griller les saucisses, les piquer afin qu'elles n'éclatent pas sous la pression de la chaleur.
- Cuire les saucisses pendant 15 minutes en les retournant afin qu'elles soient dorées de tous les côtés.
- Servir accompagnés de peperonata.

Vous pouvez commencer la cuisson du poulet et des saucisses au four à micro-ondes et la terminer au barbecue. Vous gagnerez ainsi du temps et éviterez une trop grande perte de gras sur le gril.

Si vous n'employez pas le four à micro-ondes, faites bouillir les saucisses environ 5 minutes.

Ces deux dernières recettes vous feront peut-être sourire par leur simplicité, pourtant nombreux sont nos amis qui ont insisté pour que nous les mettions dans ce livre.

*Cette recette, nous l'avons in-
ventée un beau soir d'été au
bord de la mer alors que nous
passions des vacances entre cousines.*

*Depuis, quand vient l'heureux
temps du soleil, du barbecue et
du farniente, nous refaisons fréquemment cette recette.*

Poulet en papillotes   *(4 personnes)*

4 à 5 lb	1 POULET	2,25 kg
1	GROS OIGNON ÉMINCÉ	1
1	POIVRON VERT PELÉ	1
1	POIVRON ROUGE PELÉ	1
4	SAUCISSES ITALIENNES FORTES	4
2	GOUSSES D'AIL BROYÉES	2
1 tasse	CHAMPIGNONS FRAIS TRANCHÉS	250 ml
1/4 tasse	VIN BLANC SEC	60 ml
	HUILE D'OLIVE	
	THYM FRAIS	
	SEL ET POIVRE	

- Couper le poulet en 8 morceaux.
- Couper les saucisses en deux dans le sens de la lon-
  gueur.
- Couper 4 morceaux de feuilles d'aluminium pour
  faire les papillotes.
- Déposer 2 morceaux de poulet sur chaque feuille, et
  placer une saucisse par-dessus.
- Badigeonner avec de l'huile.
- Répartir les légumes en parts égales sur le poulet.
- Verser un peu de vin sur chaque portion.
- Ajouter les assaisonnements.
- Fermer hermétiquement les papillotes.
- Cuire sur le gril environ 1 heure en retournant une
  fois ou deux.

Trippa   *(4 personnes)*

2 lb	TRIPES	1 kg
6 c. à table	HUILE D'OLIVE	90 ml
1 c. à table	BEURRE	15 ml
1	BRANCHE DE CÉLERI HACHÉE FINEMENT	1
1	CAROTTE HACHÉE FINEMENT	1
1	OIGNON HACHÉ FINEMENT	1
1	GOUSSE D'AIL	1
1	FEUILLE DE LAURIER	1
28 oz	1 BOÎTE DE TOMATES BROYÉES	796 ml
2 3/4 tasses	BOUILLON DE BŒUF	680 ml
4	FEUILLES DE BASILIC HACHÉES	4
	PARMESAN RÂPÉ	

- Retirer les membranes graisseuses des tripes.
- Les frotter avec une brosse dure et les laisser tremper dans de l'eau froide vinaigrée pendant 30 minutes ou, mieux encore, jusqu'au moment de les utiliser.
- Couper les tripes en fines lanières.
- Chauffer l'huile et le beurre dans une casserole et faire revenir le céleri avec la carotte, l'oignon, l'ail et le laurier à feu modéré de 15 à 20 minutes, jusqu'à ce que l'oignon soit transparent.
- Jeter l'ail et ajouter les tomates.
- Saler et poivrer.
- Couvrir les tripes de bouillon et les laisser mijoter à couvert pendant au moins 2 heures, en remuant de temps en temps. Plus longtemps elles cuiront, plus tendres elles seront.
- Ajouter du bouillon au besoin afin qu'elles soient immergées.
- Ajouter le basilic, mélanger et saupoudrer de parmesan avant de servir.

Les Italiens préfèrent les tripes de veau, qu'ils considèrent comme un morceau de choix. Pour attendrir les tripes, vous pouvez les faire tremper dans du lait pendant 1 heure.
Les tripes: ce terme désigne les quatre estomacs des ruminants. Quand on les achète, les tripes sont déjà nettoyées et certaines ont même subi une première cuisson. Interrogez donc toujours votre boucher si vous achetez des abats.

Encore un plat qu'on n'a pas l'habitude de manger au Québec. Pourtant en Italie, les jours de marché, on trouve des vendeurs installés sur le coin des rues et offrant la trippa aux tomates qui mijote doucement dans d'immenses chaudrons posés sur un réchaud. On vous sert une petite coupelle de trippa et vous continuez votre promenade dans les dédales colorés des marchés.

Chapitre 8

Un'aria di mare

En Italie, les poissons sont abondants et d'une fraîcheur remarquable. Les restaurateurs offrent une variété de plats à base de poissons: «misti», bouillabaisses, fritures, coquillages frais. Pourtant nos traditions familiales sont assez pauvres en recettes de produits maritimes.

Piedimonte d'Alife, le village où sont nés nos grands-parents, est au cœur de la Campanie. Même si cette province est celle où l'on retrouve Naples et la côte amalfitaine, la mer est au moins à deux heures de route et les arrivages frais devaient être assez rares au village.

Nos grands-pères aimaient particulièrement les harengs, les anguilles et les calmars.

Nous n'avons pas retenu de recette d'anguille; grand-papa Michelangelo était bien le seul membre de la famille à l'apprécier. Les Italiens respectent encore la coutume qui veut qu'on achète une anguille vivante pour les fêtes de Noël... une coutume que nous avons mise de côté!

Par contre, nous conservons précieusement l'habitude de préparer le baccalà et nous espérons vous donner le goût de manger des calmars.

Si vous trouvez ce chapitre un peu court, c'est que nos grand-mères, parties d'un village intérieur éloigné de la mer, avaient rarement l'occasion de manger du poisson frais. Et souvenez-vous du Québec des années trente aux années cinquante. Le poisson, peu abondant dans les villes, faisait triste figure et triste vendredi. Heureusement, nous savons maintenant apprêter et apprécier les dons de la mer.

Un'aria di mare

Calamari ripieni

(4 personnes)

2 lb	CALMARS	1 kg
1 3/4 oz	1 BOÎTE D'ANCHOIS	50 g
2	OIGNONS HACHÉS	2
1	GOUSSE D'AIL HACHÉE	1
2 c. à table	CHAPELURE	30 ml
2 c. à table	PERSIL ITALIEN	30 ml
1 c. à table	THYM	15 ml
1 c. à table	ORIGAN	15 ml
3	ŒUFS	3
28 oz	1 BOÎTE DE TOMATES BROYÉES	796 ml
	OU	
3 tasses	SAUCE TOMATE	750 ml

- Nettoyer les calmars si cela n'est pas déjà fait.
- Couper les petits tentacules.
- Cuire les tentacules dans de l'eau bouillante environ 10 minutes.
- Quand ils sont cuits, les hacher et les mettre dans un bol avec tous les ingrédients secs. Bien mêler.
- Battre les œufs et les ajouter au premier mélange.
- Farcir les calmars avec cette préparation.
- Coudre l'orifice des calmars pour que la farce ne s'échappe pas.
- Mettre dans un plat à gratin les tomates broyées ou la sauce tomate.
- Poser les calmars farcis par-dessus.
- Arroser d'un jet d'huile d'olive aux piments.
- Mettre au four à 350 °F/180 °C environ 1 heure. Les calmars doivent être tendres.

L'italien ressemble souvent au français. Ainsi les calmars se disent calamari. Nous retrouvons ces deux termes dans les livres de cuisine. Cependant le Petit Robert retient le mot calmar en précisant que le terme calamar signifiait écritoire au XIIIe siècle. Quand on sait que le calmar contient une poche d'encre et que l'os du calmar servit longtemps de plume, tout s'explique.

Calmars grillés et marinés

(*4 personnes*)

2 lb	CALMARS NETTOYÉS, LAVÉS ET COUPÉS EN LANIÈRES	1 kg
1	POIVRON ROUGE GRILLÉ	1
1	POIVRON VERT GRILLÉ	1
1	ÉCHALOTE SÈCHE (FRANÇAISE)	1
1	CITRON	1
1	GOUSSE D'AIL BROYÉE	1
1/2 c. à thé	SARRIETTE	2 ml
2/3 tasse	HUILE D'OLIVE	160 ml
1/2 tasse	OLIVES NOIRES	125 ml
	SEL ET POIVRE	

- Mélanger l'ail, le jus de citron, l'échalote, le persil et la sarriette.
- Réserver.
- Saler et poivrer les calmars et les arroser avec 3 c. à table (45 ml) d'huile d'olive. Bien mélanger.
- Mettre sous le gril pendant 15 minutes.
- Mélanger les calmars, les poivrons et les olives noires.
- Arroser d'huile d'olive et réfrigérer au moins 12 heures.

Calmars frits

(4 personnes)

2 lb	CALMARS	1 kg
1/2 tasse	FARINE	125 ml
1 ou 2	ŒUFS BATTUS	1 ou 2
1/2 tasse	CHAPELURE	125 ml
	SEL	
	PERSIL ITALIEN FRAIS HACHÉ	
	QUARTIERS DE CITRON	

- Laver et nettoyer les calmars à l'eau froide.
- Les couper en rondelles.
- Détacher les tentacules et les conserver entiers pour les faire frire.
- Chauffer l'huile dans une friteuse.
- Rouler les calmars dans la farine et les secouer pour enlever l'excédent.
- Tremper dans l'œuf battu.
- Enrober de chapelure.
- Cuire dans un bain de friture environ 15 minutes. Les calmars doivent être dorés et croustillants.
- Retirer les calmars et les égoutter sur du papier absorbant.
- Saler généreusement.
- Servir sur un plat chaud avec des quartiers de citron.

Beaucoup de fritures! Et oui! Mais des fritures assez légères et qui ne reviennent pas sur la table si fréquemment, sans doute beaucoup moins souvent que les frites achetées dans les restaurants de fast-food...

Les Italiens aiment en général beaucoup les poissons frits. Nos grands-pères ne faisaient pas exception à la règle et se régalaient de cette préparation qui rappelle un peu celle des petits poissons des chenaux.

Éperlans frits

(4 personnes)

1 lb	ÉPERLANS	500 g
2 tasses	FARINE	500 ml
1 c. à thé	SEL	5 ml
1/2 c. à thé	POIVRE	2 ml
2 c. à table	PERSIL	30 ml
1 1/2 tasse	HUILE VÉGÉTALE	375 ml
1	GOUSSE D'AIL	1
	CITRON AU GOÛT	

- Laver les éperlans.
- Mélanger farine, sel, poivre et persil.
- Passer les éperlans dans le mélange de farine.
- Chauffer l'huile dans un poêlon.
- Faire revenir l'ail sans faire brûler et retirer.
- Cuire les éperlans jusqu'à ce qu'ils soient dorés et croustillants.
- Égoutter sur du papier absorbant, puis servir avec des quartiers de citron.

Fritto misto di pesce *(4 personnes)*

1/2 lb	MORUE	250 g
1/2 lb	ÉPERLANS	250 g
1/2 lb	CALMARS	250 g
1/2 lb	PÉTONCLES	250 g
1	GOUSSE D'AIL ÉMINCÉE	1
3 c. à table	PERSIL FRAIS HACHÉ	45 ml
3	ÉCHALOTES TRANCHÉES	3
	JUS DE CITRON	
	BAIN DE FRITURE	
	SEL ET POIVRE	

- Nettoyer, vider, laver et éponger les poissons.
- Chauffer l'huile.
- Jeter les poissons dans l'huile fumante en commen-çant par les calmars, qui sont plus longs à cuire.
- Cuire séparément chaque espèce, le temps de cuis-son étant différent pour chacune.
- Retirer les poissons de la friture avec une écumoire afin de ne pas les briser ou, mieux encore, utiliser le panier à friture.
- Déposer les poissons sur un papier absorbant.
- Saler et garder au chaud.
- Au moment de servir, saupoudrer avec de l'ail, du persil et de l'échalote.
- Arroser de jus de citron et servir avec des quartiers de citron.

Le «fritto misto di pesce» peut être accompagné de pommes de terre à l'eau ou en robe des champs.

*Quand il arrivait de travailler
tard, grand-papa appréciait
beaucoup ces petits harengs vite
préparés que grand-maman servait avec des légumes verts.*

Harengs de grand-papa   *(4 personnes)*

2 lb	HARENGS FRAIS	1 kg
1/2 tasse	FARINE	125 m
2 c. à table	BEURRE	30 m
2 c. à table	HUILE D'OLIVE	30 m
	PETITS PIMENTS RONDS ET FORTS, AU GOÛT	
	QUARTIERS DE CITRON	
	SEL ET POIVRE	

- Laver et nettoyer les harengs.
- Rouler les harengs dans la farine.
- Secouer pour enlever l'excédent de farine.
- Chauffer l'huile et le beurre.
- Faire revenir les harengs rapidement.
- Ajouter les piments et cuire avec les harengs.
- Servir avec des quartiers de citron.

Morue aux tomates broyées

(4 personnes)

4	FILETS DE MORUE FRAÎCHE	4
1/2 boîte	TOMATES BROYÉES	398 ml
1	OIGNON TRANCHÉ FINEMENT	1
1/2	CITRON	1/2
	FILET D'HUILE D'OLIVE	

- Couvrir le fond d'un plat à gratin avec des tomates broyées.
- Déposer les filets de morue par-dessus.
- Saler et poivrer.
- Couvrir les filets avec les tranches d'oignon.
- Arroser de jus de citron et d'huile.
- Mettre au four à 400 °F/200 °C environ 20 minutes.

Servir avec des pommes de terre nature ou du riz et des brocolis.

Pour toutes les recettes de morue contenues dans ce livre, vous pouvez remplacer la morue fraîche par de la morue salée. N'oubliez pas cependant de la faire dessaler au moins 24 heures en changeant l'eau. Le goût des plats sera un peu différent mais vraiment très bon. Si vous utilisez la morue salée, surtout n'ajoutez pas de sel.

Morue frite à la sauce tomate

(*4 personnes*)

4	GRANDS FILETS DE MORUE	4
3	GOUSSES D'AIL	3
2 tasses	SAUCE TOMATE	500 ml
1/4 tasse	FARINE	60 ml
	SEL ET POIVRE	

- Chauffer l'huile et les gousses d'ail.
- Rouler les filets dans la farine.
- Saler et poivrer.
- Cuire dans l'huile.
- Pendant ce temps, faire chauffer la sauce tomate.
- Servir les filets couverts de sauce très chaude.

Délicieux avec des haricots verts au citron. Pour varier, on peut préparer la morue de la même manière, mais la servir avec la sauce qui suit.

Sauce

1/2 boîte	TOMATES BROYÉES	398 ml
3	GOUSSES D'AIL PRESSÉES	3
6 1/2 oz	OLIVES NOIRES DÉNOYAUTÉES	200 g
	CÂPRES	
1 c. à thé	ORIGAN	5 ml
1 c. à thé	PERSIL	5 ml
1 c. à table	HUILE D'OLIVE	15 ml

- Mettre tous les ingrédients dans un petit poêlon.
- Réchauffer doucement et cuire environ 15 minutes.
- Verser sur la morue.
- Décorer avec du persil frais.

Thon frais en sauce tomate

(4 personnes)

2 lb	THON FRAIS	1 kg
4 tasses	TOMATES BROYÉES	1 litre
1	OIGNON	1
2 branches	CÉLERI	2 branches
2 c. à table	OLIVES NOIRES DÉNOYAUTÉES	30 ml
4 c. à table	HUILE D'OLIVE	60 ml

- Faire revenir le thon dans l'huile jusqu'à ce qu'il soit bien doré.
- Manipuler avec soin afin de ne pas briser les morceaux.
- Poser les morceaux de thon sur un papier absorbant.
- Hacher l'oignon et le céleri et faire revenir dans ce qui reste d'huile.
- Mettre les tomates broyées dans un plat à gratin.
- Déposer les oignons et le céleri sur le thon.
- Mettre un peu de tomates sur le thon.
- Faire cuire à four chaud à 350 °F/180 °C de 20 à 30 minutes.

Il est important de recouvrir le thon d'un peu de sauce afin qu'il ne sèche pas.

La veille de Noël et le vendredi saint, la coutume veut qu'on mange le baccalà.

Si vous voyez le mot baccalà sur un menu italien, soyez assuré que ce restaurant offre des plats authentiques qui plaisent particulièrement aux Italiens.

Baccalà al forno   (8 personnes)

1	MORUE SALÉE	1
4 c. à table	HUILE D'OLIVE	60 ml
1	OIGNON	1
1	GOUSSE D'AIL	1
4 c. à table	OLIVES NOIRES DÉNOYAUTÉES	60 ml
1	CITRON	1
1 lb	ÉPINARDS	500 g
	LAURIER	
	THYM	
1 c. à table	CÂPRES	15 ml
	SEL ET POIVRE	

- Faire dessaler la morue dans de l'eau fraîche pendant 24 heures en changeant l'eau deux ou trois fois.
- Cuire la morue dans du lait pendant 20 minutes.
- La retirer et l'essuyer.
- Quand la morue est prête, faire chauffer 2 c. à table (30 ml) d'huile dans un poêlon et faire revenir les morceaux de morue.
- Laver, équeuter et cuire très légèrement les épinards.
- Trancher l'oignon.
- Trancher la moitié du citron et extraire le jus de l'autre moitié.
- Passer l'ail au presse-ail.
- Mettre une cuillerée d'huile dans un plat à gratin.
- Tapisser le fond du plat avec les épinards et parsemer d'ail.
- Arroser avec le jus de citron.
- Saler, poivrer, mettre le thym et la feuille de laurier.
- Poser les morceaux de morue sur les épinards.
- Sur la morue, déposer les olives noires, la cuillerée d'huile qui reste, les câpres et les tranches d'oignon coupées en deux.
- Mettre à four chaud 350 °F/180 °C de 15 à 20 minutes.
- Servir avec du riz ou des pommes de terre.

Le baccalà est un poisson blanc séché, salé, la plupart du temps de la morue. Ce mode de conservation très ancien est encore populaire et donne au poisson un goût assez particulier qui est des plus appréciés.

Ne vous laissez pas rebuter par l'aspect cartonné de ce poisson. Une fois trempé assez longtemps, il retrouve sa couleur blanc pur et son moelleux.

Choisir la morue séchée

La morue est salée par moitié complète. Si on ne veut pas acheter toute la pièce, le poissonnier la coupera en morceaux. Elle doit être blanche ou à peine grisâtre. Si elle est jaunâtre, c'est qu'elle est restée trop longtemps dans le sel. Il vaut mieux alors ne pas l'acheter ou la laisser tremper encore plus longtemps en changeant l'eau plus souvent.

Il faut aussi savoir qu'une fois trempée, la morue augmentera de volume. Demandez alors à votre poissonnier de vous conseiller pour être bien certain de la quantité requise.

Le temps de trempage de la morue salée peut varier entre 12 et 48 heures. Si vous souhaitez qu'elle garde son goût salé, faites-la tremper moins longtemps mais surtout n'ajoutez jamais de sel à la recette que vous choisirez.

Chapitre 9

Belli, freschi gli legumi

Il faut avoir vu en Italie les cultures de légumes à flancs de montagne ou dans un tout petit carré pour comprendre l'amour profond que les Italiens vouent à la terre.

Des légumes dodus, brillants et croquants.

Deux récoltes, parfois trois, selon les régions.

Des légumes apprêtés de toutes les manières.

Des légumes en tout temps.

Le ciel y est-il plus clément qu'ailleurs?

Les Italiens ont la main verte sous tous les cieux.

Sitôt installés, les voilà qui labourent un petit coin, qui ratissent, qui plantent et qui récoltent.

Si vous avez la chance d'être leur voisin, vous profitez de la récolte.

Nos grand-mères, arrivant de leur Italie natale, trouvèrent bien rude le climat, bien pauvre le coin de Montréal où elles vivaient et bien rares les légumes qu'elles aimaient.

Elles durent composer avec les produits qu'elles trouvaient.

Elles durent s'adapter.

Elles restèrent cependant fidèles à certaines habitudes, à certains goûts qu'elles arrivèrent à recréer.

C'est ainsi que nous aimons les artichauts et les brocolis, que nous abusons parfois de la tomate et que le persil italien, persil plat, nous paraît meilleur parce qu'il est plus piquant que le frisé.

Elles firent connaître à leurs amies québécoises diverses façons d'apprêter les légumineuses, haricots, lentilles et pois chiches. Elles leur donnèrent même l'habitude de grignoter des lupini au lieu des noix.

Belli, freschi gli legumi

Aubergine du vendredi   *(4 personnes)*

1	GROSSE AUBERGINE	1
2	ŒUFS	2
	FARINE	
1 c. à table	BEURRE	15 ml
1 c. à table	HUILE D'OLIVE	15 ml

- Peler l'aubergine.
- Découper en tranches rondes assez épaisses.
- Saler et laisser dégorger 30 minutes.
- Essuyer et passer chaque tranche dans la farine, puis dans l'œuf battu.
- Fondre ensemble le beurre et l'huile dans un poêlon.
- Saisir et cuire jusqu'à ce que l'aubergine soit tendre.
- Servir avec des lentilles et une compote de tomates.

Jeanette:
Ah! Les vendredis maigres. Quels souvenirs! Heureusement maman préparait souvent ces aubergines, ce qui compensait pour tous les autres vendredis où j'étais obligée de manger du poisson.

Aubergines farcies   *(4 personnes)*
à la ricotta

2	GROSSES AUBERGINES	2
10 1/2 oz	RICOTTA	300 g
1	GOUSSE D'AIL OU PLUS, AU GOÛT	1
4 c. à table	PERSIL	60 ml
	ORIGAN	
	HUILE AUX PIMENTS FORTS	
	SEL ET POIVRE	

- Couper les aubergines en deux.
- Les cuire à l'eau bouillante de 10 à 15 minutes. Elles doivent être très tendres.
- Égoutter et retirer délicatement la chair sans briser la peau.
- Déposer la peau dans un plat légèrement huilé.
- Faire une purée avec la chair en y ajoutant les œufs, la ricotta et les herbes.
- Goûter et rectifier l'assaisonnement.
- Remettre le tout dans la peau.
- Arroser d'un filet d'huile aux piments forts.
- Enfourner à 400 °F/200 °C pendant 30 minutes.

Si vous voulez servir ces aubergines farcies, en entrée, choisissez-les petites, longues et bien fermes.

Lasagne d'aubergines   *(4 personnes)*

2	BELLES AUBERGINES	2
4 tasses	TOMATES BROYÉES	1 litre
2	GOUSSES D'AIL	2
	FROMAGE RÂPÉ	
	BASILIC	
	THYM	
	ROMARIN	
	HUILE D'OLIVE AU BASILIC	
	SEL ET POIVRE	

- Éplucher les aubergines et les couper en tranches assez épaisses.
- Faire dégorger au sel pendant 30 minutes.
- Éponger et faire dorer rapidement dans l'huile d'olive parfumée au basilic.
- Mettre les herbes fraîches hachées dans les tomates.
- Dans un plat à gratin, déposer une couche de tomates broyées et une couche d'aubergines frites.
- Saupoudrer de fromage râpé.
- Recommencer jusqu'à épuisement des ingrédients.
- Terminer par une couche de fromage râpé ou une couche de mozzarella tranchée.
- Mettre à four chaud à 400 °F/200 °C.
- Laisser gratiner et servir chaud.

Ce gratin est également très bon froid.

Carciofi ripieni 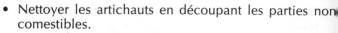 (*4 personnes*)

4	PETITS ARTICHAUTS	
9 tasses	EAU	2,25 litres
2/3 tasse	HUILE D'OLIVE	160 m
1 tasse	CHAPELURE	250 m
2	GOUSSES D'AIL BROYÉES	2
1 3/4 oz	1 BOÎTE DE FILETS D'ANCHOIS, RINCÉS ET HACHÉS	50 g
1 c. à thé	SEL	5 m
1 c. à table	PERSIL FRAIS HACHÉ	15 m
	POIVRE	

- Nettoyer les artichauts en découpant les parties non comestibles.
- Couper les extrémités des feuilles avec des ciseaux.
- Dans une grande casserole, amener l'eau à ébullition.
- Y plonger les artichauts en ajoutant 3 c. à table (45 ml) d'huile d'olive et 1 gousse d'ail.
- Laisser cuire 10 minutes.
- Égoutter et laisser refroidir.
- Écarter avec précaution les feuilles et bien dégager le cœur.
- Mettre l'huile d'olive dans un poêlon antiadhésif et faire revenir la chapelure de 1 à 2 minutes en remuant constamment.
- Dès que la chapelure est croquante et légèrement dorée, retirer le poêlon du feu.
- Ajouter l'ail, les filets d'anchois, le sel, le persil et le poivre.
- Placer cette farce au milieu de chaque artichaut.
- Avec les doigts, introduire la farce entre les grandes feuilles extérieures.
- Aligner les artichauts dans un plat allant au four et les recouvrir d'eau froide à mi-hauteur.
- Les arroser d'un filet d'huile.
- Faire cuire au milieu du four à 350 °F/180 °C pendant 1 heure.
- Les artichauts sont prêts lorsque la pointe d'un couteau les transperce facilement.
- Servir chauds.

Les artichauts ainsi préparés peuvent être également servis froids, arrosés d'un peu d'huile d'olive et de jus de citron.

Chou aux tomates *(4 personnes)*

1	CHOU	1
1/2	PEPPERONI	1/2
48 oz	1 BOÎTE DE JUS DE TOMATE	1,4 litre
1	OIGNON	1
1	GOUSSE D'AIL	1
	HUILE D'OLIVE	
	LAURIER	
	SEL ET POIVRE	

- Couper l'oignon et l'ail assez finement.
- Faire revenir dans un peu d'huile d'olive.
- Couper le pepperoni en morceaux de 1 po (2,5 cm).
- Mettre dans un grand faitout avec le jus de tomate.
- Laisser mijoter 15 minutes.
- Ajouter le chou coupé en quartiers.
- Couvrir et laisser cuire à l'étuvée à feu très bas.

*A*ttention, quand nous parlons de pepperoni, il s'agit du salami sec de type saucisse et non d'un gros saucisson de type bologne.

Pour la réussite de nos recettes, il est important de choisir le bon pepperoni.

Le chou ainsi préparé est l'un des plats préférés de nos cousines. Encore une habitude culinaire qui se transmet puisque leurs fils apprécient eux aussi cette recette qu'ils réclament fréquemment.

Un autre plat complet et écono-mique qui est aussi bon en hiver qu'en automne.

Gratin des jours maigres   *(6 personnes)*

10	COURGETTES MOYENNES	10
5	TOMATES FRAÎCHES	5
5	OIGNONS	5
8	ŒUFS	8
2 tasses	LAIT	500 ml
4 c. à table	BEURRE	60 ml
4 c. à table	FARINE	60 ml
4 c. à table	PARMESAN RÂPÉ	60 ml
	HUILE AU BASILIC	
	SEL ET POIVRE	

- Ébouillanter et éplucher les tomates.
- Couper les oignons et les courgettes en rondelles.
- Couper les tomates, les égrener et les faire revenir dans 1 c. à table (15 ml) d'huile au basilic.
- Faire fondre les oignons dans l'huile.
- Faire revenir les courgettes.
- Laisser les légumes en attente.
- Faire une sauce avec le beurre, la farine et le lait.
- Battre les œufs en omelette.
- Laisser tiédir la sauce, ajouter les œufs battus, du sel, du poivre et du parmesan râpé.
- Disposer les légumes par couches dans un plat à gratin.
- Napper de sauce et mettre au four à 400 °F/200 °C environ 30 minutes.

*B*ien entendu, vous pouvez aussi servir ce plat comme légume pour accompagner un rôti de veau ou du poulet par exemple.

Fenouils braisés   *(4 personnes)*

4	PETITS BULBES DE FENOUIL	4
2 c. à table	FARINE	30 ml
3 c. à table	BEURRE	45 ml
	SEL ET POIVRE	

Nous préférons les légumes légèrement croquants. Il convient donc d'en surveiller attentivement la cuisson.

- Faire bouillir de l'eau salée dans un faitout pouvant contenir tous les bulbes.
- Blanchir les bulbes coupés en deux.
- Piquer avec la pointe du couteau; les fenouils doivent être tendres.
- Passer à l'eau froide pour arrêter la cuisson.
- Fondre le beurre et y mettre les fenouils.
- Laisser braiser à feu doux en retournant de temps en temps pour bien enrober.
- Saler, poivrer et servir.

Les fenouils braisés accompagnent très bien le porc ou le veau.
Présentés avec de l'agneau, ils contribuent au raffinement d'un repas plus élaboré.

*Nous ne sommes pas végéta-
riennes, mais il nous arrive très
souvent de faire un repas de légumes seuls. C'est pour nous un
vrai délice et puis c'est bon pour
la santé et pour la ligne.
D'ailleurs, traditionnellement,
les habitants du sud de l'Italie
mangent peu de viande.
Il faut dire que grand-maman
Rafaella cultivait un petit jardin
et que les légumes frais cueillis
ne manquaient pas chez elle.*

Haricots à la
sauce tomate

(4 personnes)

1 lb	HARICOTS VERTS OU JAUNES	500 g
3 c. à table	HUILE D'OLIVE	45 ml
1	OIGNON ÉMINCÉ	1
1	GOUSSE D'AIL	1
4 tranches	JAMBON OU PROSCIUTTO,	4 tranches
	COUPÉ EN PETITS MORCEAUX	
1	FEUILLE DE LAURIER	1
	ORIGAN AU GOÛT	
1 c. à table	PERSIL FRAIS HACHÉ	15 ml
	SEL ET POIVRE	

- Chauffer l'huile d'olive dans une casserole.
- Faire revenir l'oignon et l'ail jusqu'à ce qu'ils soient transparents.
- Ajouter le jambon ou le prosciutto.
- Ajouter les tomates, le poivre, les herbes et saler très peu à cause du jambon.
- Amener à ébullition et laisser mijoter 30 minutes.
- Ajouter les haricots à la sauce tomate.
- Couvrir et laisser mijoter jusqu'à ce que les haricots soient tendres.
- Saupoudrer de persil frais et servir.

Vous pouvez préparer les pommes de terre de la même façon en ajoutant des petits pois frais.

Peperonata

(*4 personnes*)

4	POIVRONS	4
4	OIGNONS	4
20	CHAMPIGNONS	20
	PÂTE DE PIMENT AU GOÛT	
2 c. à table	PERSIL ITALIEN	30 ml
	AIL AU GOÛT	

- Détailler les légumes en lamelles.
- Les faire frire dans de l'huile d'olive.
- Ajouter, si on aime les préparations ayant du piquant, un peu de pâte de piment.
- La peperonata est prête quand le jus produit par les légumes est absorbé.
- Parsemer de persil juste avant de servir.

Variante

Vous pouvez y ajouter des tomates pelées et hachées.

La peperonata était sans doute l'accompagnement favori de grand-père Raffaelo. Ciaudia se souvient que presque tous les soirs, quand il rentrait assez tard de son travail, grand-maman lui servait la peperonata avant son repas.

Quatre petites filles aux grands yeux entouraient alors la table. Grand-père tendait à chacune, du bout de sa fourchette, un peu de légumes en s'écriant:

«Comment, elles n'ont pas mangé ces petites!»

Les petites, qui avaient soupé depuis longtemps, étaient ravies d'avoir, croyaient-elles, leurré un instant leur grand-papa.

Ce plat familial et économique
peut être présenté lors d'une occasion où l'on se retrouve nombreux après une journée de travail en commun. Si on prend
soin de choisir des poivrons de
couleurs différentes, des zucchini et des aubergines, l'effet est
assuré. Une grosse salade de
laitues et radicchio avec des
champignons en lamelles et une
vinaigrette bien relevée, voilà un
repas qui sort de l'ordinaire. Il
ne vous reste plus qu'à choisir
au chapitre des desserts de quoi
assurer votre réputation de cor-
don-bleu.

Poivrons farcis   *(4 personnes)*

4	POIVRONS	4
1 tasse	RIZ CUIT	250 ml
1 tasse	VIANDE CUITE HACHÉE	250 ml
1	OIGNON HACHÉ	1
1	TOMATE HACHÉE	1
	ORIGAN	

- Laver les poivrons.
- Découper un capuchon sur le dessus des poivrons et les vider.
- Blanchir 2 minutes.
- Retourner les poivrons sur un papier absorbant pour bien les égoutter.
- Préparer la farce en mêlant le riz, la viande, la tomate et l'oignon.
- Assaisonner et remplir les poivrons de ce mélange.
- Placer les légumes côte à côte dans un plat pouvant juste les contenir.
- Mettre un peu de jus de tomate ou de l'eau dans le fond du plat.
- Enfourner à 350 °F/180 °C environ 1 heure.

Les légumes farcis sont délicieux si on en prépare toute une variété qu'on peut servir en même temps.
On peut remplacer la viande par de la chair à saucisse italienne.

Radicchio sur le gril   *(4 personnes)*

2	RADICCHIO	2
4 c. à table	HUILE D'OLIVE	60 ml
	SEL ET POIVRE	

- Enlever les feuilles défraîchies.
- Couper les radicchio en deux.
- Saler et poivrer.
- Badigeonner d'huile d'olive de tous les côtés.
- Mettre sur un gril préchauffé ou sur le barbecue.
- Cuire environ 10 minutes en tournant fréquemment.
- Servir chaud.

Le radicchio est cette petite salade blanc et rouge que l'on trouve assez facilement depuis quelques années au Québec.

C'est une salade croquante dont le goût est un tantinet amer. Sa couleur est un attrait de plus dans les salades d'hiver et elle enjolive de nombreuses entrées.

Délicieux cru, vous aimerez aussi le radicchio cuit, comme nous vous le proposons ici.

Vous pouvez même le préparer comme un chou farci, si vous en avez la patience.

Les tomates sont sans contredit
le fruit-légume par excellence
pour les Italiens. La seule odeur
de la sauce qui cuit lentement
sur la cuisinière nous fait rêver
de grandes tables familiales, de
dimanches ensoleillés, et nous
rappelle la chaleur de l'accueil
de nos grands-parents.
Pomodoro, la pomme d'or. C'est
sous la forme d'un petit fruit
jaune que la tomate apparut
pour la première fois en Italie.
Les Italiens prirent leur temps,
presque 200 ans, pour faire de
la tomate le beau gros fruit-
légume rouge que nous connaissons et qui est une des bases de
leur cuisine.

Tomates fraîches grillées au four   *(6 personnes)*

4	TOMATES	4
1	GOUSSE D'AIL BROYÉE	1
	BASILIC OU PERSIL FRAIS HACHÉ	
1/2 c. à thé	SUCRE	2 ml
2 c. à table	PARMESAN RÂPÉ	30 ml
	HUILE D'OLIVE	
	ORIGAN AU GOÛT	

- Couper les tomates en tranches assez épaisses.
- Enlever les graines, les faire dégorger et les éponger.
- Disposer dans un plat à gratin.
- Recouvrir avec les ingrédients secs.
- Saupoudrer de sucre.
- Verser un filet d'huile sur les tomates ainsi préparées.
- Mettre au four à 350 °F/180 °C pendant 20 minutes.

Zucchini farcis (*6 personnes*)

6	ZUCCHINI (COURGETTES)	6
1	ŒUF	1
2	OIGNONS	2
1	GOUSSE D'AIL	1
10 oz	VIANDE CUITE	300 g
	PARMESAN RÂPÉ	
	HUILE AUX PIMENTS	
	THYM	
	ROMARIN	
	ORIGAN	
	SEL ET POIVRE	

- Laver et essuyer les zucchini.
- Couper en deux dans le sens de la longueur.
- Enlever délicatement les graines.
- Creuser le zucchini en réservant la chair.
- Hacher la viande, l'oignon, l'ail et la chair des zucchini.
- Ajouter à la préparation les herbes, le poivre et 2 c. à table (30 ml) de parmesan.
- Lier avec l'œuf.
- Goûter et saler au besoin.
- Remplir les zucchini de farce.
- Disposer les zucchini dans un plat à gratin huilé.
- Verser sur chaque zucchini une cuillerée d'huile aux piments et saupoudrer de parmesan.
- Mettre à four chaud à 350 °F/180 °C et cuire environ 30 minutes.

Vous pouvez, pour tous les légumes farcis, utiliser la farce au fromage de la page 121 ou utiliser des restes de risotto.

Il est toujours préférable de choisir les zucchini assez longs et de grosseur moyenne ou petite. Ne vous laissez pas séduire par de trop gros légumes puisque leur goût est plus fort.

Zucchini parmigiani   *(4 personnes)*

4 à 6	PETITS ZUCCHINI (COURGETTES)	4 à 6
4	TOMATES	4
1	POIVRON VERT COUPÉ EN LAMELLES	1
1	GROS OIGNON ÉMINCÉ	1
1/4 tasse	BEURRE	60 ml
4 c. à table	PARMESAN RÂPÉ	60 ml
4 c. à table	FARINE TOUT USAGE	60 ml
4 c. à table	HUILE D'OLIVE	60 ml
	FEUILLES DE BASILIC	

- Plonger les tomates dans l'eau bouillante environ 1 minute.
- Peler et couper en quatre et enlever les graines.
- Hacher la pulpe.
- Faire fondre le beurre dans un poêlon et faire revenir l'oignon.
- Ajouter le poivron, les tomates et le basilic.
- Cuire de 5 à 10 minutes.
- Laver les zucchini, les essuyer et couper les extrémités. Trancher en rondelles épaisses.
- Mêler la farine, le parmesan, le sel et le poivre.
- Passer les rondelles de zucchini dans ce mélange. Chauffer l'huile et dorer les rondelles sur les deux faces.
- Égoutter sur un papier absorbant.
- Verser les tomates, les poivrons et l'oignon dans un plat creux en formant une couronne et déposer les zucchini au centre.
- Servir chaud avec du fromage parmesan râpé.

Lentilles

(4 personnes)

4 c. à table	HUILE D'OLIVE	60 ml
4	TRANCHES DE PANCETTA OU DE BACON	4
1	OIGNON ÉMINCÉ	1
19 oz	1 BOÎTE DE LENTILLES	540 g
	OU DE POIS CHICHES	
	LÉGUMES SÉCHÉS OU CONGELÉS	
	PERSIL FRAIS HACHÉ	
1 c. à table	ORIGAN FRAIS HACHÉ	15 ml
	OU	
1 c. à thé	ORIGAN SÉCHÉ	5 ml
	FEUILLE DE LAURIER	
2	GOUSSES D'AIL	2

- Dans une casserole, faire chauffer un peu d'huile.
- Faire revenir l'oignon jusqu'à ce qu'il soit transparent.
- Dorer les morceaux de pancetta ou de bacon.
- Ajouter la boîte de lentilles.
- Y jeter une poignée de légumes séchés ou congelés, ainsi que les assaisonnements.
- Arroser d'un filet d'huile d'olive.
- Ajouter les gousses d'ail coupées en deux.
- Laisser mijoter pour réchauffer tous les ingrédients.
- Servir.

Les lentilles, pois chiches ou autres légumineuses en conserve ainsi préparés sauront vous dépanner. Chaudes ou froides, en salade ou comme accompagnement, ces légumineuses sont toujours délicieuses.
Bien entendu, si vous avez le temps, vous pouvez acheter ces légumineuses sèches. Faites-les tremper toute une nuit (sauf dans le cas des lentilles) et faites-les cuire de 1 à 2 heures, selon le mode d'emploi de la recette Pasta e fagioli (voir page 136).

Pour les manger, tenez les lupini entre le pouce et l'index en pinçant leur peau; les lupini «aiment» sauter de leur peau. C'est long!? Alors achetez les lupini en boîte. Le prix vaut bien le temps gagné... mais nous aimons en préparer encore pour les fêtes de Noël.

Lupini

| 2 tasses | LUPINI (LUPINS BLANCS SECS) | 500 ml |
| 12 tasses | EAU | 3 litres |

- Faire tremper les lupini dans l'eau froide pendant 24 heures. Égoutter et rincer.
- Remettre les lupini dans la même quantité d'eau et cuire 20 minutes. Égoutter et rincer.
- Mettre les lupini dans l'eau fraîche et laisser tremper de 5 à 7 jours en changeant l'eau trois fois par jour. Cette opération vise à leur faire perdre leur amertume.
- Goûter. Si on les trouve bons, c'est qu'ils sont prêts à manger.
- Égoutter, saler et poivrer.

Chapitre 10

Dolcezza Dei Dolci

Un vrai bon dessert santé, c'est bien entendu du fromage et des fruits.

Un vrai repas à l'italienne, c'est une multitude de plats copieux et colorés.

L'opulence de la table est maintenue jusqu'à la fin.

Les desserts sont nombreux mais souvent assez légers.

Biscottes, biscuits, gâteaux aux noix et autres douceurs suivent les plateaux de fruits et de fromages.

Nous savons bien que, dans leur jeunesse campagnarde, nos grands-parents se contentaient d'un fruit fraîchement cueilli.

Nous avons eu la chance de goûter cette merveille de la nature.

La tante Pepinella, sœur aînée de nos grand-mères restée au pays, nous recevait avec le prosciutto et le fromage maison.

Elle rafraîchissait au ruisseau la pêche mûre et chaude de soleil.

D'un geste sec, elle détachait de la branche le citron qu'elle roulait vigoureusement afin qu'il donne tout son jus.

Nous conservons de ces moments un souvenir attendri.

Mais, une fois le repas terminé, nous couvrons la table de douceurs de toutes sortes.

Chez nos grand-mères, la table était toujours mise. Quelle que fut l'heure, nous trouvions des noix, des biscottini, des dolce ou des légumes crus à grignoter.

La conversation se continue parfois très tard dans la nuit. Nous faisons d'autre café.

C'est ça, pour nous, «la dolce vita».

Dolcezza Dei Dolci

Ananas ou pastèque aux fruits

1	ANANAS OU PASTÈQUE	1
	RAISINS VERTS, ROUGES ET BLEUS	
	FRAISES	
	CANTALOUP	
	MELON MIEL	
	LIQUEUR DE FRAMBOISE	

- Couper le fruit choisi en deux dans le sens de la longueur et l'utiliser comme récipient.
- Enlever la chair du fruit en conservant l'écorce intacte.
- Couper la chair en cubes.
- Si on a choisi d'utiliser l'ananas, rejeter le cœur dur.
- Pour la pastèque, enlever les graines.
- Faire des boules de tous les melons avec une cuillère parisienne.
- Mettre les fruits dans un bol dès qu'ils sont prêts.
- Laver et équeuter les fraises.
- Laver les raisins et les séparer en petites grappes.
- Arroser les fruits d'une bonne quantité de liqueur.
- Les remettre ainsi préparés dans les deux écorces.
- Décorer avec les grappes de raisins.
- Servir frais avec de petites fourchettes ou, à défaut, des cure-dents de fantaisie.

Marrons chauds

- Faire une croix sur le côté arrondi des marrons.
- Plonger les marrons dans l'eau bouillante de 5 à 7 minutes.
- Servir immédiatement.
- Les marrons seront tendres et chacun les pèlera à sa guise.

Dès le repas terminé, avant de servir les desserts, on pose sur la table ces corbeilles de fruits en même temps que les fromages. Cet assortiment de fruits frais est toujours bien accueilli. Chacun pige des fruits en discutant et en attendant le dessert qui sera servi beaucoup plus tard avec le café.

Savez-vous que le mot cantaloup vient de la petite ville de Cantaloupo près de Rome? C'est là que les Romains, ayant découvert les petits melons rapportés de Perse par des voyageurs, établirent et développèrent la culture de ce fruit.

Grand-maman Biondi avait aussi l'habitude d'offrir des noix et des marrons chauds.

*Quand vient le temps des ré-
unions familiales, chacun fait sa
part. C'est ainsi que nos mères
firent très souvent les desserts.*

Bavaroise de Gilda   *(8 personnes)*

1 c. à table	GÉLATINE SANS SAVEUR	15 ml
1/4 tasse	EAU FROIDE	60 ml
3/4 tasse	SIROP D'ÉRABLE CHAUD	175 ml
1 1/2 tasse	CRÈME À 35 P. 100	375 ml
	DOIGTS DE DAME	

- Faire gonfler la gélatine dans l'eau froide.
- Ajouter au sirop chaud et bien mélanger pour faire dissoudre parfaitement.
- Laisser refroidir et prendre à demi.
- Fouetter la crème et l'incorporer à la préparation précédente.
- Tapisser le fond et les côtés d'un moule à fond amovible avec des doigts de dame.
- Verser la crème à l'érable au centre.
- Laisser prendre au réfrigérateur et ne démouler qu'au moment de servir.

*On peut décorer de sucre d'érable râpé ou de fraises
fraîches et d'un peu de crème fouettée.*

Biscotti aux cerises

4	ŒUFS	4
1/2	JUS DE CITRON	1/2
1 tasse	JUS D'ORANGE	250 ml
2 tasses	SUCRE	500 ml
8 c. à thé	POUDRE À PÂTE	40 ml
4 tasses	FARINE	1 litre
1/2 lb	GRAISSE VÉGÉTALE RAMOLLIE	250 g

- Préchauffer le four à 350 °F/180 °C.
- Tamiser ensemble la farine et la poudre à pâte.
- Ajouter la graisse végétale et mélanger délicatement.
- Dans un autre bol, mélanger le sucre et les œufs.
- Ajouter les jus d'orange et de citron.
- Ajouter les ingrédients secs à la deuxième préparation et bien mélanger.
- Sur un papier sulfurisé, étendre un peu de sucre en poudre et, sur un autre papier, un peu d'amandes en poudre.
- Prendre 1 c. à thé comble (5 ml) de pâte et placer sur une plaque à biscuits légèrement beurrée, après avoir passé dans la poudre d'amandes ou le sucre en poudre.
- Presser légèrement au centre de chaque petite boule de pâte avec le pouce et y placer une demi-cerise au marasquin.
- Cuire pendant 20 minutes.

Biscuits aux noisettes (avelines)

12 oz	BEURRE	375 g
8	ŒUFS	8
5 c. à thé	POUDRE À PÂTE	25 ml
10 tasses	FARINE TAMISÉE	2,5 litres
6 oz	AVELINES	180 g
3 tasses	SUCRE	750 ml
1 c. à table	ANISETTE	15 ml

- Dans un grand bol, défaire le beurre en crème avec le sucre.
- En battant, incorporer les œufs et la liqueur d'anisette.
- Dans un autre bol, tamiser la farine et la poudre à pâte.
- Incorporer les ingrédients secs peu à peu à la préparation d'œufs en remuant.
- Séparer la pâte en deux.
- Ajouter les avelines dans la première moitié et les mélanger à la pâte pour bien les répartir.
- Réserver la deuxième moitié pour la recette suivante en prenant soin de couvrir.
- Graisser légèrement une plaque à biscuits.
- Étendre la moitié de la pâte sur une plaque en lui donnant la forme d'un rectangle d'environ 4 po (10 cm) de largeur, 12 po (30 cm) de longueur et 1 po (2,5 cm) d'épaisseur.
- Cuire au four préchauffé à 350 °F/180 °C de 15 à 20 minutes, jusqu'à ce qu'ils soient légèrement dorés.
- Laisser tiédir ces petits pains sur une grille.
- Avec un couteau, couper les pains en tranches de 3/4 po (2 cm) d'épaisseur.
- Disposer les tranches sur une plaque beurrée, le côté coupé vers le haut.
- Passer au four préchauffé à 450 °F/230 °C de 2 à 3 minutes ou jusqu'à ce que les biscuits soient légèrement dorés.

Biscuits aux graines de sésame

LA MOITIÉ DE LA RECETTE PRÉCÉDENTE
GRAINES DE SÉSAME

- Façonner la pâte en petites saucisses de la grosseur de l'auriculaire.
- Rouler ces saucisses dans une assiette remplie de graines de sésame.
- Disposer les biscuits sur une plaque beurrée.
- Cuire au four préchauffé à 350 °F/180 °C de 15 à 20 minutes, jusqu'à ce qu'ils soient légèrement dorés.

Carrés au citron (*4 à 6 personnes*)

1 tasse	FLOCONS D'AVOINE CRUS	250 ml
1 tasse	FARINE	250 ml
1/2 tasse	NOIX DE COCO HACHÉE	125 ml
1/2 tasse	NOIX HACHÉES	125 ml
1/2 tasse	CASSONADE BIEN TASSÉE	125 ml
1 c. à thé	POUDRE À PÂTE	5 ml
1/2 tasse	BEURRE RAMOLLI	125 ml
10 oz	1 BOÎTE DE LAIT CONCENTRÉ SUCRÉ	300 ml
1/2 tasse	JUS DE CITRON	125 ml
	ÉCORCE RÂPÉE D'UN CITRON	

- Mélanger les flocons d'avoine, la farine, la noix de coco, les noix, la cassonade et la poudre à pâte.
- Ajouter le beurre.
- Remuer pour que le mélange devienne granuleux.
- Dans un autre bol, mélanger le lait concentré et le jus de citron, ajouter l'écorce râpée.
- Mettre la moitié du mélange au beurre dans le fond d'un moule en verre ou en porcelaine à feu.
- Verser le lait concentré par-dessus.
- Mettre le restant du premier mélange sur la tarte.
- Faire cuire dans un four préchauffé à 325 °F/160 °C environ 30 minutes.
- Les carrés doivent être bien dorés.
- Laisser refroidir avant de couper.

Carrés nuage

1/2 tasse	BEURRE	125 ml
1/2 tasse	CASSONADE BIEN TASSÉE	125 ml
1 tasse	FARINE TOUT USAGE TAMISÉE	250 ml

- Bien mêler tous les ingrédients pour obtenir un mélange granuleux.
- Beurrer un plat rectangulaire allant au four.
- Mettre le mélange dans ce plat.
- Cuire 10 minutes à 375 °F/190 °C.
- Laisser refroidir.
- Pendant ce temps, préparer la garniture suivante.

1	ŒUF	1
1 tasse	CASSONADE BIEN TASSÉE	250 ml
1 c. à thé	RHUM	5 ml
1/2 tasse	FARINE	125 ml
1/2 c. à thé	SEL	2 ml
1 c. à thé	POUDRE À PÂTE	5 ml
1 tasse	NOIX DE COCO HACHÉE FINEMENT	250 ml
1/4 tasse	CERISES AU MARASQUIN BIEN ÉGOUTTÉES	60 ml
1/2 tasse	ANANAS EN CONSERVE DÉCHIQUETÉ ET TRÈS BIEN ÉGOUTTÉ	125 ml

- Battre les œufs et y ajouter le rhum et la cassonade.
- Mêler la farine, le sel et la poudre à pâte et saupoudrer ce mélange sur la noix de coco, les cerises en morceaux et l'ananas.
- Bien mélanger.
- Ajouter les œufs et verser sur la croûte déjà refroidie.
- Cuire à 350 °F/180 °C de 30 à 35 minutes.
- Refroidir et couper en carrés.

Crème au mascarpone
de Rolande Allard-Lacerte

3	JAUNES D'ŒUFS	
3	BLANCS D'ŒUFS BATTUS	
1/4 tasse	SUCRE GRANULÉ FIN	60 m
1 tasse	MASCARPONE*	250 m
1 verre	RHUM	1 verre

- Battre les jaunes d'œufs, ajouter le sucre et battre pour dissoudre le sucre.
- Ajouter le mascarpone et bien mêler.
- Parfumer avec le rhum.
- Ajouter alors très délicatement les blancs d'œufs battus en neige.
- Verser dans des coupes et garder au froid jusqu'au moment de servir.

*A*ccompagner de doigts de dame ou de pizzelle. Cette crème aura un peu la consistance d'un sabayon. Elle est tout simplement divine, mais évidemment très riche. Vous pouvez remplacer le rhum par du marsala et le mascarpone par de la ricotta, mais la crème sera moins onctueuse si on utilise ce fromage.

* Voir page 127.

Crème au mascarpone très simple

* Ajouter tout simplement du sucre en poudre et un peu de brandy au mascarpone, et ce jusqu'à ce qu'il ait la consistance de votre choix. Normalement cette crème doit ressembler au sabayon.

Le mascarpone est un fromage frais et onctueux qu'on trouve chez les fromagers spécialisés. Fabriqué en Italie, il est assez cher et ressemble plutôt à de la crème épaissè. Il sert à préparer un gâteau assez exceptionnel, le tiramisu, ce qui signifie littéralement «remonte-moi».
Vous le trouverez en petits contenants individuels ou en contenant plus gros. N'achetez que la quantité requise, en vérifiant bien la date de conservation. Gardez-le au réfrigérateur car il perd rapidement sa fraîcheur.
On trouve aussi la torta di mascarpone, fromage alliant le fromage blanc à des tranches de gorgonzola. Vous pouvez servir la torta di mascarpone avec des poires fraîches pelées en guise de dessert.

Ces figues sont délicieuses après le dessert avec le café, ou avec le thé de l'après-midi, accompagnées de quelques biscotti ou de guanti.

Figues marinées à la liqueur

1

TRESSE DE FIGUES
AMANDES MONDÉES
GRAPPA OU AMARETTO
FEUILLES DE LAURIER

1

- Pratiquer une incision dans chaque figue et insérer une amande.
- Faire brunir les figues au four à 350 °F/180 °C pendant 10 minutes.
- Mettre les figues dans un ou deux pots et couvrir avec la liqueur choisie.
- Ajouter 1 ou 2 feuilles de laurier par pot.
- Fermer hermétiquement.
- Garder au frais de 2 à 3 semaines avant de goûter.

Gâteau au citron

	ŒUFS	6
/2 lb	BEURRE OU MARGARINE	250 g
tasses	SUCRE	500 ml
c. à thé	VANILLE	5 ml
tasses	FARINE	500 ml
	CITRONS RÂPÉS	2
c. à table	POUDRE À PÂTE	15 ml

- Préchauffer le four à 350 °F/180 °C.
- Tamiser la farine et la poudre à pâte.
- Battre le beurre avec le sucre pendant 5 à 10 minutes ou jusqu'à ce que le mélange soit blanc et crémeux.
- Ajouter la vanille et battre de nouveau.
- Ajouter la farine petit à petit au mélange crémeux.
- Tout en continuant de battre, ajouter les œufs un à la fois.
- Mettre le zeste de citron et bien mélanger.
- Verser le mélange dans un moule de 9 x 12 po (23 x 30 cm) légèrement graissé et fariné.
- Cuire 45 minutes.

Glace au citron

- Presser le jus d'un citron (environ 2 c. à table/30 ml) et l'ajouter au sucre en poudre.
- Battre ensemble.
- Badigeonner le gâteau de cette glace alors qu'il est encore tiède. Le mélange sera assez liquide.

Gâteau aux amandes

3 c. à table	BEURRE	45 m
3/4 tasse	SUCRE	175 m
2	ŒUFS	2
1/2 tasse	FARINE	125 m
3/4 c. à thé	POUDRE À PÂTE	3 m
2/3 tasse	AMANDES EN POUDRE	160 m
1/4 c. à thé	EXTRAIT D'AMANDE	1 m

- Préchauffer le four à 350 °F/180 °C.
- Défaire le beurre en crème, ajouter le sucre, les œufs et l'extrait d'amande et bien battre.
- Ajouter les ingrédients secs et bien mélanger.
- Verser dans une assiette à tarte de 9 po (23 cm) beurrée légèrement.
- Cuire environ 30 minutes ou jusqu'à ce qu'un cure-dent inséré au centre du gâteau en ressorte sec.

Gâteau aux noisettes (avelines)

3	ŒUFS	3
2/3 tasse	SUCRE	160 ml
1 1/2 tasse	NOISETTES MOULUES	375 ml

- Préchauffer le four à 325 °F/160 °C.
- Battre les œufs pour qu'ils moussent et blanchissent.
- Ajouter le sucre.
- Battre jusqu'à épaississement du mélange.
- Ajouter les noisettes moulues et bien mélanger. Verser dans un moule rond ou carré légèrement beurré et de préférence en porcelaine.
- Cuire de 50 à 60 minutes.
- Le gâteau doit être élastique au toucher.

Variante

1/4 c. à thé	VANILLE	1 ml
	OU	
1/4 c. à thé	CANNELLE	1 ml
	OU	
2 c. à table	FRUITS CONFITS	30 ml
	OU	
	ÉCORCES À L'ALCOOL	

Jeanette:

Ce gâteau, très rapide à faire, est l'un de mes desserts dépannage préférés. Il est léger et convient parfaitement après un repas copieux. Vous pouvez le servir avec de la crème glacée, du coulis de fruit ou une sauce au chocolat.

Noisette, aveline... deux jolis mots qui désignent la même noix, fruit du noisetier.

Gâteau aux pommes

1 tasse	SUCRE	250 ml
1/4 tasse	BEURRE RAMOLLI	60 ml
2	ŒUFS	2
1 tasse	FARINE TAMISÉE	250 ml
2 tasses	POMMES ÉPLUCHÉES, ÉVIDÉES ET COUPÉES EN QUARTIERS	500 ml
1 tasse	NOIX DE GRENOBLE	250 ml
1 c. à thé	BICARBONATE DE SOUDE	5 ml
2 c. à thé	POUDRE À PÂTE	10 ml
1 tasse	RAISINS SECS DE CORINTHE	250 ml
	LIQUEUR FINE AU GOÛT	
	FRUITS CONFITS AU GOÛT	

- Préchauffer le four à 350 °F/180 °C.
- Beurrer et fariner légèrement un moule de 9 x 9 po (23 x 23 cm).
- Battre les œufs avec le sucre jusqu'à ce que le mélange épaississe et blanchisse.
- Ajouter le beurre et la farine tamisée avec la poudre à pâte et le bicarbonate de soude.
- Mélanger intimement.
- Mettre les pommes, les fruits confits, les noix, les raisins et la liqueur.
- Les mélanger à la pâte pour bien les répartir.
- Faire cuire pendant 60 minutes ou jusqu'à ce qu'un cure-dent inséré au centre du gâteau en ressorte sec.

Si vous voulez empêcher les fruits et les noix de tomber au fond, enrobez-les d'un peu de farine avant de les incorporer à la pâte.

Gâteau délicieux
de la mère de Jeanette

1 1/3 tasse	LAIT CONCENTRÉ	330 ml
1	PINCÉE DE SEL	1
1/4 tasse	MÉLASSE	60 ml
2 tasses	BISCUITS GRAHAM EN CHAPELURE	500 ml
1 tasse	NOIX ÉCRASÉES	250 ml
1/2 c. à thé	VANILLE	2 ml

- Mêler le lait, le sel, la mélasse, les biscuits, les noix et la vanille.
- Mettre un papier ciré beurré dans le fond d'un plat de 9 x 9 po (23 x 23 cm).
- Étendre le mélange sur le papier.
- Faire cuire à 350 °F/180 °C environ 15 minutes.
- Vérifier la cuisson; le gâteau doit être spongieux.
- Démouler immédiatement et retirer le papier ciré.
- Servir coupé en carrés.

La «strega», c'est la sorcière ou l'ensorceleuse. C'est aussi une liqueur fine à base d'herbes aromatiques.

Guanti

6	ŒUFS BATTUS	6
6 c. à table	HUILE D'OLIVE	90 ml
6 c. à table	SUCRE	90 ml
1 pincée	SEL	1 pincée
5 tasses	FARINE	1,25 litre
3 c. à thé	POUDRE À PÂTE	15 ml
	BAIN D'HUILE VÉGÉTALE	
	AMARETTO OU STREGA (AU GOÛT)	

- Sur une table, mettre 4 tasses (1 litre) de farine avec la poudre à pâte.
- Faire un puits au milieu et y mettre les œufs, l'huile, le sucre et le sel.
- Mélanger jusqu'à ce que toute la farine soit absorbée.
- Saupoudrer de farine une planche à pâtisserie et pétrir.
- Au besoin, ajouter peu à peu le reste de farine. La pâte doit former une boule.
- On peut ajouter, au goût, 2 c. à table (30 ml) d'amaretto ou de strega.
- Couvrir et laisser reposer à la température ambiante.
- Étendre la pâte par petites quantités à l'aide d'un rouleau à pâtisserie ou de la machine à confectionner des pâtes.
- Couper en languettes de 1 po (2,5 cm) avec un couteau à pâtisserie dentelé.
- Former des nœufs pas trop serrés.
- Mettre les nœufs dans le bain de friture, 4 à la fois, et les laisser prendre une couleur légèrement dorée et uniforme. Ne pas trop faire cuire.
- Les retirer et les laisser refroidir sur un papier absorbant.
- Continuer avec le reste de la pâte.
- Lorsque refroidis, on peut les faire congeler.

Au moment de servir, saupoudrez de sucre en poudre ou trempez dans du miel chaud. On peut ensuite les saupoudrer de pistaches broyées.

Granité al'limone   *(4 personnes)*

1 tasse	SUCRE	250 ml
2 tasses	EAU	500 ml
1 tasse	JUS DE CITRON FRAÎCHEMENT PRESSÉ	250 ml

- Dans une casserole, amener l'eau et le sucre à ébullition sur feu moyen, en remuant, jusqu'à la dissolution complète du sucre.
- Laisser cuire de 3 à 4 minutes à partir de l'ébullition.
- Retirer aussitôt la casserole du feu et laisser refroidir à la température ambiante.
- Incorporer le jus de citron au mélange.
- Verser le tout dans un bac à glace.
- Laisser le granité au congélateur de 3 à 4 heures en remuant toutes les 30 minutes.
- Écraser les particules qui se forment sur le bord du bac.
- Le granité doit avoir une consistance lisse et neigeuse.
- Avant de servir, laisser reposer le granité de 30 à 40 minutes au réfrigérateur.

Les Italiens furent les premiers Européens à fabriquer le granité et les sorbets. Ils ont appris cet art soit des Arabes au IXe siècle, ou plus tard des Chinois à l'époque de Marco Polo. Le débat persiste encore. Toutefois, la préparation des Romains était plutôt rudimentaire. Ils mélangeaient la neige qu'ils prenaient dans les montagnes à des jus de fruits.

D'ailleurs, durant notre enfance (à l'époque où il y avait moins de pollution), c'est avec excitation que nous nous empressions, lors d'une tempête, d'aller ramasser de la neige et d'y mélanger du jus de citron.

Ces desserts au café sont une spécialité de la mère de Jeanette pour qui c'est toujours un plaisir de préparer les desserts pour Noël et le nouvel an.

Mousse au café

1/4 tasse	EAU FROIDE	60 ml
1 c. à table	GÉLATINE	15 ml
2 tasses	LAIT	500 ml
1 tasse	CAFÉ FORT	250 ml
6	JAUNES D'ŒUFS	6
2/3 tasse	SUCRE	160 ml
1 c. à thé	VANILLE	5 ml
6	BLANCS D'ŒUFS	6
1/3 tasse	SUCRE	80 ml

- Faire gonfler la gélatine dans l'eau froide.
- Mettre le récipient de gélatine au-dessus de l'eau bouillante pour faire dissoudre la gélatine.
- Chauffer le lait et le café jusqu'au point d'ébullition.
- Battre les jaunes d'œufs et 2/3 tasse (160 ml) de sucre.
- Quand le mélange est très épais, ajouter très lentement le café au lait sans cesser de battre.
- Mettre la préparation dans une casserole et cuire jusqu'à ce que la préparation nappe la cuillère.
- Éviter absolument de laisser bouillir.
- Retirer du feu et mettre le fond de la casserole dans l'eau froide pour arrêter la cuisson.
- Ajouter alors la vanille et la gélatine.
- Laisser refroidir.
- Pendant ce temps, battre les blancs d'œufs bien fermes en ajoutant 1/3 tasse (80 ml) de sucre par petite quantité à la fois.
- Ajouter les blancs d'œufs à la préparation au café refroidie (mais non prise) et mêler délicatement sans battre.
- Verser dans des coupes individuelles ou dans un grand saladier.

Parfait au café

*

1 tasse	CAFÉ TRÈS FORT	250 ml
1/2 tasse	SUCRE	125 ml
2	JAUNES D'ŒUFS	2
2	BLANCS D'ŒUFS	2
1 tasse	CRÈME À FOUETTER (35 P. 100)	250 ml
1 c. à table	COGNAC	15 ml
1/2 tasse	PACANES HACHÉES	125 ml

- Mettre le café dans une sauteuse avec le sucre.
- Chauffer à feu doux pour faire fondre le sucre.
- Faire bouillir jusqu'à 240 °F/115 °C au thermomètre à bonbons.
- Si l'on n'a pas de thermomètre, laisser bouillir jusqu'à ce que le sirop fasse des fils.
- Retirer du feu.
- Battre les jaunes d'œufs pour qu'ils soient mousseux et pâles.
- Verser le sirop en filet sur les jaunes d'œufs en battant continuellement pour que ce mélange soit aussi mousseux.
- Refroidir au réfrigérateur pendant 1 heure avant de servir.
- Battre les blancs d'œufs jusqu'à ce qu'ils soient fermes mais non cassants.
- Battre la crème jusqu'à ce qu'elle soit bien épaisse.
- Battre le mélange refroidi de jaunes d'œufs au café.
- Incorporer ce mélange aux blancs d'œufs battus.
- Incorporer le tout à la crème fouettée.
- Ajouter le cognac.
- Verser dans un grand bol ou dans des coupes et décorer de pacanes.
- Servir le plus tôt possible.

Si ce dessert doit attendre, gardez-le au congélateur et sortez-le 2 heures avant de servir.
Fouettez-le vigoureusement pour qu'il reprenne son homogénéité.

Encore un dessert traditionnel de Pâques. La pastilla doit faire partie du petit déjeuner pascal.

Pastilla (gâteau de riz au citron)

3 tasses	RIZ ITALIEN	750 m
6 tasses	EAU	1,5 litr
1 tasse	SUCRE	250 m
3 tasses	LAIT	750 m
1	JUS D'UN CITRON	
1/2 lb	BEURRE DOUX	250
2	ŒUFS BATTUS	
6	ÉCORCES DE CITRON	

- Amener l'eau à ébullition.
- Ajouter le riz en pluie.
- Bien imbiber le riz et couvrir.
- Quand le riz commence à bouillir, baisser le feu.
- L'eau doit être complètement absorbée avant de poursuivre la recette.
- Ajouter alors le beurre par petites portions, puis le sucre.
- Bien mélanger.
- Ajouter le lait en trois fois en remuant bien entre chaque addition.
- Ajouter les œufs légèrement battus.
- Ajouter enfin le jus de citron et l'écorce de citron râpée très finement.
- Verser dans un moule beurré de 9 x 12 po (23 x 30 cm) ou dans deux moules de 9 x 9 po (23 x 23 cm).
- Mettre au four préchauffé à 350 °F/180 °C.
- Cuire 45 minutes; le gâteau doit être doré.
- La pastilla se coupera mieux si on la laisse refroidir.

Vous pouvez congeler la moitié de la pastilla en suivan les règles de congélation habituelles.

Pizza dolce

(6 personnes)

1 lb	RICOTTA	500 g
1/2 c. à thé	CANNELLE	2 ml
1/2 tasse	SUCRE	125 ml
6	ŒUFS	6
6 oz	CHOCOLAT	180 g
1/2 tasse	FRUITS CONFITS	125 ml
1	RECETTE DE PÂTE BRISÉE DE VOTRE CHOIX	1

- Faire la pâte brisée.
- Mettre dans un plat de 9 x 9 po (23 x 23 cm).
- Mélanger la ricotta, le sucre et la cannelle.
- Battre au batteur à main.
- Battre les œufs légèrement.
- Ajouter au fromage.
- Fondre le chocolat au bain-marie.
- Incorporer au mélange précédent sans cesser de battre.
- Ajouter les fruits confits.
- Verser le mélange dans la croûte.
- Cuire au four 1 heure à 350 °F/180 °C. La tarte doit être ferme.

Cette tarte est servie le matin de Pâques lors du brunch traditionnel qui réunit la famille. La recette a sans doute été inspirée par les fameux desserts siciliens qui, par leur richesse et leur originalité, ont su gagner une réputation internationale.

Si on le souhaite, on peut décorer cette tarte avec des chutes de pâte en lanières ou avec des fruits confits qu'on aura soin d'ajouter avant de faire cuire la tarte.

Les pizzelle sont de petites crêpes très fines, croustillantes et délicates. Pour les réussir, il faut absolument posséder un fer à pizzelle. Ce petit gaufrier spécialisé est en vente dans certains magasins italiens. Le fer à pizzelle est maintenant électrique, ce qui facilite grandement l'opération. Nos grand-mères, toutefois, utilisaient un petit fer qu'elles devaient chauffer sur le feu. Faire des pizzelle occupait bien tout un après-midi.

Pizzelle

6	ŒUFS	6
3 1/2 tasses	FARINE	875 ml
1 1/2 tasse	SUCRE	375 ml
2 c. à table	VANILLE OU ANISETTE	30 ml
1 tasse	MARGARINE FONDUE	250 ml
4 c. à thé	POUDRE À PÂTE	20 ml

- Battre les œufs en ajoutant le sucre graduellement jusqu'à ce que le mélange soit crémeux.
- Ajouter la margarine refroidie et la vanille ou l'anisette.
- Tamiser la farine et la poudre à pâte.
- Ajouter au mélange aux œufs jusqu'à ce que le tout soit très homogène et moelleux.
- La pâte doit avoir une consistance épaisse.
- Verser le mélange à la cuillère sur le fer à pizzelle déjà chaud.
- Cuire en suivant le mode d'emploi.
- Cette préparation donne environ 60 biscuits.

Variantes

Vous pouvez remplacer la vanille par du jus de citron ou d'orange. Vous pouvez également ajouter 1 tasse (250 ml) de noix de Grenoble ou de pacanes au mélange.

Vous pouvez couper un cantaloup en deux, le vider et remplir la cavité d'une boule de crème glacée à votre choix et l'accompagner d'une pizzelle.

Vous pouvez de plus, lorsque ces biscuits sont encore chauds, les former en rouleaux et les farcir d'un mélange de ricotta, d'écorces à l'alcool (ou de fruits confits) et d'un peu de sucre glace.

Une autre suggestion serait de déposer un macaron au fond d'un verre à parfait et de l'humecter d'une liqueur fine (de la crème de menthe verte par exemple). Vous déposez dessus de la crème glacée, quelques fraises, et vous piquez une pizzella sur le dessus.

Scartaghiete

2 lb	FARINE	1 kg
1 tasse	HUILE D'OLIVE	250 ml
1 tasse	VIN BLANC SEC	250 ml
	MIEL CHAUD DILUÉ DANS L'EAU	
	CANNELLE	
	ÉCORCES DE CITRON HACHÉES	
	BAIN D'HUILE VÉGÉTALE	

- Ajouter l'huile et le vin à la farine.
- Bien mélanger.
- Étendre la pâte.
- Couper des languettes de 1 1/2 x 6 po (4 x 15 cm).
- Pincer les deux extrémités et former une rosette en pliant en deux la largeur.
- Mettre dans l'huile jusqu'à ce qu'elles soient légèrement dorées.
- Tremper les rosettes dans du miel chaud dilué avec un peu d'eau.
- Saupoudrer de cannelle et d'écorces de citron hachées finement.

S'il vous reste quelques morceaux de rosettes cuites qui se sont brisées, parce qu'elles sont très friables, faites épaissir le miel en le chauffant, ajoutez-y des noix broyées, des zestes de citron ou d'orange au goût et de la cannelle.

Ajoutez les morceaux de scartaghiete brisés à ce mélange et laissez refroidir. Ce sera du bonbon.

Ces taralli, ainsi que les taralli al'uova, sont délicieux le matin au petit déjeuner, trempés dans un café fort ou à l'heure de la collation, trempés dans du vin.

Taralli al'pepe

5 lb	FARINE	2,5 kg
2 sachets	LEVURE	16 g
4 c. à thé	SEL	20 m
1/4 tasse	POIVRE	60 m
1/4 tasse	GRAINS DE FENOUIL	60 m
2 1/2 tasses	HUILE D'OLIVE	625 m

- Préchauffer le four à 400 °F/200 °C.
- Dissoudre la levure dans une tasse d'eau tiède et laisser reposer quelques minutes.
- Ajouter l'huile, le sel, le poivre et les grains de fenouil et bien mélanger.
- Ajouter ce mélange à la farine et bien pétrir la pâte avec les mains jusqu'à ce qu'elle devienne lisse et homogène et qu'elle ne colle pas au bol.
- Laisser reposer la pâte couverte pendant 40 à 60 minutes. La pâte aura doublé de volume.
- Façonner la pâte en rouleau de 1 po (2,5 cm) de diamètre et la couper pour former des beignes.
- Joindre les extrémités en pressant fermement.
- Cuire au four pendant 20 minutes.

Taralli al'uova

5	ŒUFS BATTUS	5
1/2 tasse	SUCRE	125 ml
1/4 tasse	HUILE D'OLIVE	60 ml
3 tasses	FARINE	750 ml

- Bien mélanger les ingrédients et bien travailler la pâte.
- Laisser reposer la pâte couverte de 15 à 30 minutes.
- Couper la pâte et former des saucisses de 1 po (2,5 cm) de diamètre.
- Joindre les extrémités en pressant fermement.
- Avec un couteau, faire une entaille tout autour du beigne.
- Cuire dans l'eau bouillante environ 3 minutes en les tournant de temps à autre.
- Mettre sur une plaque à biscuits.
- Cuire à 400 °F/200 °C pendant 20 minutes.

Taraluce

3	ŒUFS BATTUS	3
1/2 tasse	SUCRE	125 ml
2 c. à table	HUILE OU GRAISSE VÉGÉTALE	30 ml
2 c. à thé	POUDRE À PÂTE	10 ml
	JUS DE 2 ORANGES	
3 tasses	FARINE	750 ml

- Chauffer le four à 425 °F/220 °C.
- Mélanger l'huile ou le gras avec le sucre.
- Ajouter les œufs et le jus d'orange et bien battre.
- Ajouter graduellement la farine et la poudre à pâte tamisées ensemble.
- La pâte doit avoir une consistance molle.
- Déposer à la cuillère sur une tôle à biscuits beurrée.
- Cuire pendant 10 minutes.
- Lorsque les taraluce sont refroidis, les tremper dans une glace légèrement citronnée.

Glace

- Prendre 1 tasse (250 ml) de sucre glace en poudre.
- Ajouter le jus d'un citron et suffisamment d'eau pour obtenir une glace très liquide.
- Saucer chaque petit biscuit dans cette glace.
- Laisser sécher.

Tarte à la ricotta

1 lb	RICOTTA FRAÎCHE	500 g
1	PINCÉE DE SEL	1
4 c. à table	FARINE	60 ml
4 c. à table	SUCRE	60 ml
2	BLANCS D'ŒUFS BATTUS EN NEIGE FERME	2
2	JAUNES D'ŒUFS	2
2 c. à table	RAISINS SECS	30 ml
2 c. à table	FRUITS CONFITS HACHÉS ZESTE RÂPÉ D'UNE ORANGE	30 ml

- Mêler ensemble le fromage, le sel, la farine, le sucre, les jaunes d'œufs et le zeste d'orange.
- Quand le tout est bien homogène, ajouter les raisins et les fruits confits.
- Incorporer, en soulevant la pâte, les blancs battus en neige.
- Beurrer et fariner un moule (de préférence en porcelaine) de 8 po (20 cm).
- Verser la pâte et cuire au four préchauffé à 350 °F/ 180 °C pendant 50 minutes.
- Quand le gâteau est refroidi, saupoudrer de sucre glace pour le servir.

Jeanette:

Je pose sur la tarte un napperon en dentelle de papier, puis je saupoudre de sucre en poudre.

Je retire le napperon délicatement afin de ne pas abîmer le dessin.

Il faut faire cette opération à la dernière minute, sans quoi le sucre est absorbé par l'humidité de la tarte.

Tarte aux noix de Grenoble et au miel

| 1 | RECETTE DE PÂTE BRISÉE DE VOTRE CHOIX | 1 |

Garniture

1 tasse	NOIX DE GRENOBLE HACHÉES	250 ml
3/4 tasse	MIEL	175 ml
4 c. à table	RHUM	60 ml
5 oz	CHOCOLAT FONDU POUR NAPPER	150 g

- Mêler ensemble les noix, le miel et le rhum.
- Verser dans le fond de tarte.
- Couvrir de pâte.
- Cuire à 350 °F/180 °F pendant 30 minutes.
- Refroidir et servir couvert de chocolat fondu.

Tarte aux œufs

5	ŒUFS	5
1 tasse	SUCRE	250 ml
1 c. à table	BEURRE	15 ml
2 tasses	LAIT	500 ml
	PINCÉE DE MUSCADE	
1	CROÛTE DE TARTE DE 9 PO (23 CM)	1

- Préchauffer le four à 350 °F/180 °C.
- Battre les œufs.
- Ajouter les autres ingrédients et bien battre.
- Verser dans la croûte de tarte non cuite.
- Cuire pendant 40 minutes ou jusqu'à ce qu'un cure-dent piqué au centre de la tarte en ressorte sec.
- Servir accompagnée d'un peu de sirop d'érable.

Eh non! Nous ne mettons pas de fromage dans cette tarte.
Eh oui! Le sirop d'érable est un délicieux ajout québécois. C'est ça l'adaptation!

Tarte italienne aux noix de Grenoble

Croûte

1 1/2 tasse	FARINE TOUT USAGE	375 ml
1/4 tasse	SUCRE FIN	60 ml
1/2 tasse	BEURRE DOUX FRAIS	125 ml

- Mêler la farine et le sucre.
- Couper le beurre dans le mélange avec un coupe-pâte ou deux couteaux.
- Mettre le mélange dans une assiette de 10 ou 11 po (25 ou 28 cm).
- Presser sur les bords et le fond.
- Couvrir les bords de papier d'aluminium afin qu'ils ne brûlent pas.
- Cuire au four à 350 °F/180 °C pendant 12 minutes.

Garniture

3	GROS ŒUFS	3
3/4 tasse	SUCRE	180 ml
1 1/4 tasse	NOIX DE GRENOBLE HACHÉES	310 ml

- Battre les œufs au batteur.
- Ajouter le sucre en battant pour le dissoudre.
- Ajouter les noix.
- Verser dans la croûte et remettre au four à 350 °F (180 °C) pendant 25 minutes.
- Refroidir complètement avant de servir.

Index

Table des matières